Erdbeeren im Schnee bringen Glück. Wer Stroh zu Gold spinnen muß, braucht Rumpelstilzchens Hilfe. Schneewittchen beißt in den giftigen Apfel und stirbt. Dornröschen hinter der Dornenhecke wird vom Prinzen wachgeküßt.

Welche Rolle die verschiedenen Pflanzen in Grimms Märchen spielen, davon handelt dieser Band. Maria-Theresa Tietmeyer hat zu jedem Kapitel ein Aquarell gemalt, das die jeweiligen Pflanzen anschaulich darstellt. Esther Gallwitz beschreibt sie aus der Sicht der Botanikerin, erklärt ihre Bedeutung im Lauf der Geschichte und in den Märchen.

Von Esther Gallwitz sind im Insel Verlag bisher erschienen: *Kleiner Kräutergarten. Kräuter und Blumen bei den Alten Meistern im Städel* (it 1420); *Ein wunderbarer Garten. Die Pflanzen des Genter Altars* (it 1853).

insel taschenbuch 2530

Esther Gallwitz

Schneewittchens Apfel

Esther Gallwitz

Schneewittchens Apfel

Pflanzen in Grimms Märchen
Mit farbigen Aquarellen
von Maria-Theresa Tietmeyer
Insel Verlag

insel taschenbuch 2530
Erste Auflage 1999

Hinweise zu dieser Ausgabe am Schluß des Bandes
Vertrieb durch den Suhrkamp Taschenbuch Verlag
Umschlag nach Entwürfen von Willy Fleckhaus
Satz und Druck: MZ-Verlagsdruckerei GmbH, Memmingen
Printed in Germany

1 2 3 4 5 6 – 04 03 02 01 00 99

Inhalt

Pflanzen, was stellen sie dar? Einen blühenden Garten, ein wucherndes Dickicht? Ein weites Feld, die grüne Natur. Ihre Gewächse haben alle Anlagen in sich, die Möglichkeit zu wachsen, zu blühen und sich fort und fort zu pflanzen. Uns können sie an Körpergröße überragen und überraschen mit ihrer Fähigkeit, sich anzupassen. Die winzigsten Gewächse gedeihen auf Steinen und Sand. Nur sprunghafte, bewegliche Geister, eine märchenhafte Phantasie oder virtuelle Künste können mit den Produkten der Natur wetteifern.

Natura non saltat, die Natur macht keine Sprünge, sagten die Alten. Wie die Natur springt und nicht nur fürbaß geht, das wissen die Jungen. Die Biologie erkennt Mutationen. Sie überraschen mit vorher nicht dagewesenen Details und Gebilden. Die urplötzlichen, jähen Ausrutscher im Kleinsten, im Erbgut, bei den Molekülen in den Genen, bringen neuartige Formen hervor in der fortschreitenden Entwicklung, die wir die Evolution nennen. Das Phänomen der luxurierenden Bastarde, der prächtigeren Geschöpfe, die entstehen, wenn Familien oder Rassen sich mischen, vermehrt die Vielfalt. Um so erstaunlicher ist es, daß uralte Arten unverändert fortbestehen, wie wir sie in fossilen Funden vor uns haben. Daß Samen von Getreiden aus den Grabbeigaben der Pharaonen zum Keimen gebracht werden können, sichert den Ägyptern das ewige Leben.

Planta, die Pflanze, der Setzling, der Steckling, das Reis. Das ist schon die fortgeschrittene Stufe in der Entwicklung der Vegetation, die eine Alchimie betreibt, von der die Menschen träumten, die sie den Magiern zutrauten und die sie schließlich als Biochemiker entschlüsselten. Leonardo da Vinci, nicht nur als Künstler mit Imagination be-

gabt, verglich bereits den lebenden Organismus mit einer brennenden Kerze: Beide Systeme erhalten ihre Dynamik durch dauernde Stoff- und Energieumwandlung. Die ersten Vorstellungen, wie das bei den Pflanzen geschieht, hatten ein Holländer und ein Schweizer. Ihre 1799 und 1804 gemachte Entdeckung nahm man im Zeitalter Goethes nicht wahr, man glaubte an die Ernährung der Pflanzen durch die Substanzen des Humus. Weder die thermodynamischen Hauptsätze noch die Bedeutung von Kohlendioxyd, der Kohlensäure der Luft, lagen in der Luft.
In ihren Labors, den lebenden Zellen, arbeiten die Pflanzen an der sogenannten Photosynthese. Sie brauchen dazu Wasser, Kohlensäure und Licht. Das Wasser saugt die Wurzel aus dem Boden, Kohlendioxyd nehmen die Blätter durch ihre Epidermis und Spaltöffnungen aus der Luft. In der Zelle sind die grünen Chloroplasten tätig, sie entwikkeln aus den beiden Stoffen mit Hilfe von Sonnenenergie einfachen Zucker, der rasch in Stärke umgewandelt wird. Man nennt diesen Vorgang Assimilation. Ihre Produkte, die Assimilate, bereichert durch im Wasser gelöste Salze und im Verfahren der ganzen komplizierten Eiweißbiologie, schaffen den Pflanzenkörper. Das ist die Substanz, die Menschen und Tiere nährt, sie liefert unserem Körper Energie. Wir verbrennen auch das Holz der Pflanzen oder ihre verkohlten Reste, in denen die gespeicherte Kraft der Sonne steckt. Damit kochen wir unser Süppchen, wärmen uns, betreiben unsere Maschinen.
Das lateinische Wort planta hat eine zweite Bedeutung, es heißt die Fußsohle. Mit der Fußsohle haften wir wurzellos an der Erde, sie hält uns fest im Spannungsfeld der Schwerkraft. Wir heben ab und springen hoch, kommen wieder auf den Boden, hängen dem Magneten glücklich und lotrecht an, stürzen nicht kopfüber ins All, wenn die Welt auf

dem Kopf steht. Wo oben und unten ist, wird in jedem Körper, ob Mensch oder Pflanze, von Polpaaren bestimmt: Kopf und Fuß, Sproß und Wurzel. Das sind unsere morphologischen Entsprechungen. Innerhalb des Organismus hat jede lebende Zelle ihre Ladung, zwischen Plus- und Minuspol erfolgt der elektrochemische Stoffaustausch. Geben wir zu, daß wir der Pflanze überlegen sind, weil wir so viel wissen, uns auch vom Ort bewegen und Früchte von Bäumen pflücken können, während sie festgewachsen im Boden wurzelt. Und räumen wir trotzdem ein, daß wir ohne sie nicht wären.

Goethe betrachtet die Verwandtschaft von Pflanzen und Tieren als eine, die »kaum zu sondern« ist und schließt: »so daß die Pflanze sich zuletzt im Baum dauernd und starr, das Tier im Menschen zur höchsten Beweglichkeit und Freiheit sich verherrlicht«. Ein starkes Wort vom beweglichen Geist, der in des Dichters »Metamorphose der Pflanzen« so schöne Vorstellungen preisgibt wie die von der Umwandlung der Gestalt der Blätter von den Keimblättern bis zur Frucht, indem sie sich kräftig anstrengen, Blumen zu bilden, die »den Werken der Liebe dienen«. So fein sagt er das, und beschreibt dann doch genau die Blütenorgane, er kennt seinen Linné.

Ein Samenkorn, ein Keim, sie sind Anfang und Ende der Entwicklung. Wer ist's, der birgt im kleinsten Raum des Waldes Stolz, den größten Baum? Für Schiller ein Rätsel. Der Keim im Samen, der Embryo aus Keimwurzel und Keimblättern bewahrt den Schlüssel zur Reproduktion der Pflanze, die genetische Information. Der Keim sprengt die Samenschale, es kommen heraus: die Grundorgane, Achse, Keimblätter und Wurzel. Sind sie im Licht, ergrünen sie. Scheitelzellen und Vegetationspunkte organisieren Wachstum, die typischen Blätter und Blüten jeder Pflanzenart entfalten sich als geheimnisvolles Ergebnis der geschlechtlichen Fortpflanzung. »Theoretisch«, sagt das Lehrbuch für Botanik, »ist Längenwachstum unbegrenzt«, doch auch hier hat der weise Goethe das vorletzte Wort, wenn er meint, es sei dafür gesorgt, daß Bäume nicht in den Himmel wachsen.

Ausgebreitet, die Sonne mit ungezählten Blättern einfangend, ist die Pflanze ein Wesen mit möglichst großer Oberfläche, vielleicht ist sie deshalb so schön in ihrer äußerlichen Vielgestalt. Doch dient die forcierte Blatt- oder Plattheit dem Wachstum. Der Mensch in seiner Haut, das Tier in seinem Fell, verinnerlichte Wesen, sie halten ihre Organe beisammen, sind introvertiert. Aus einem Arm kann man immer noch keinen neuen Menschen machen. Aber ein Blatt kann bei vielen Pflanzen, auf die Erde gelegt, bewurzeln. Ein Reis, Sproß oder Setzling, in die Erde gesteckt, treibt aus zu einem Baum oder Strauch. Man pfropft, okuliert das Reis mit seinen Knospen: oculos imponere, Augen einsetzen, für bessere Früchte, für schönere Blüten. Das sind die Maßnahmen zur vegetativen Vermehrung und zur Veredelung. Zucht und Ordnung schafft der Gärtner im Pflanzenreich, sie sind Tendenzen des Gartenbaus, wo Bäume und Sträucher in Schulen wachsen. Das ist des Menschen Wille, er ist die Krone der Schöpfung, der jede Art Nachwuchs erzieht.

Also gingen und gehen auch die menschlichen Sprößlinge in die Schule, auch in die Schule des Lebens, wo, nach dem Bibelwort, Gott der Herr züchtigt, wen er lieb hat. »Die zucht ist dasjenige, welches den zarten gemütern zarte pflanzen einsetzet«, schreibt Albertinus. Doch Rohrstock und Haselrute haben sich verabschiedet, es gibt keine Prügelstrafe mehr in unseren Schulen.

»Willkommen kleine Bürgerin/ Im bunten Tal der Lügen!/ Du gehst dahin, du Lächlerin!/ Dich ewig zu betrügen...« So begrüßt im Jahr 1777 der Dichter Jakob Lenz das Kind von Goethes Schwester Cornelia. Das Mädchen ist nur sechzehn Jahre alt geworden, Cornelia, die Mutter starb bald nach der Geburt. Sie konnte ihrer kleinen Tochter keine Märchen erzählen. Die Skepsis der Aufklärung, die das trotzdem herzzerreißend schöne Gedicht einschließt, macht im letzten Vers der wilden, romantischen Natur Platz: »Bis daß der Adler kommen wird aus fürchterlichen Büschen...«.

Die Zeit des »Sturm und Drang« war angebrochen. Herders Sammlung von Volksliedern erschien 1778/79. Zwanzig Jahre später begannen die Brüder Grimm ihre »Ährenlese« auf dem Feld der Hausmärchen, um zu retten, was von der mündlichen Überlieferung noch da war. Sie erklären in der Vorrede zur Ausgabe von 1819, daß die lebendige Poesie, die reine, lebendige Dichtung, für Kinder zur Freude, zum Staunen und auch zur Erziehung aufgeschrieben sei. Ein Buch ohne Rückhalt und Bedenklichkeit, ein wahres Buch, in dem man nichts Böses herausfinde. »Nichts besser kann uns verteidigen als die Natur selber, welche diese Blumen und Blätter in solcher Farbe und Gestalt hat wachsen lassen; wem sie nicht zuträglich sind nach besonderen Bedürfnissen, der kann nicht fordern, daß sie deshalb anders gefärbt und geschnitten werden sollen. Oder auch, Regen und Tau fällt als eine Wohltat für alles herab, was auf der Erde steht, wer seine Pflanzen nicht hinzustellen getraut, weil sie zu empfindlich sind und Schaden nehmen könnten, sondern lieber in der Stube mit abgeschrecktem Wasser begießt, wird doch nicht verlangen, daß Regen und Tau ausbleiben sollen. Gedeihlich aber kann alles werden, was natürlich ist, und danach sollen wir trachten.« Das ist der Vorsatz von Jacob und Wilhelm Grimm, der ihren gesammelten Märchen den Platz an der Sonne anweist.

»Geh aus mein Herz und suche ›Freud‹ ...«
Das fromme Kirchenlied könnte die Musik machen, wenn man auf Exkursion geht im Märchenwald, in Märchengärten und auf Feldern. Hinterrücks gerät man in vielsagende Bücher über Märchenbücher. Wissenschaftsgläubig blickt man hinein. Zwei vielversprechende Namen liest man oft: Freud und Jung. Ihre und ihrer Nachfolger Hohe Schulen der Psychoanalyse sind Wegweiser fürs undurchdringliche Innenleben, für die Wirren der Seele, das Waldesdickicht, in dem Psyche und Amor irren.

Ohne Ingrimm in Grimm
»Schau an der schönen Gärten Zier!« Bescheiden richtet sich der Blick des Pflanzenkundlers aufs Erdnahe und entdeckt, was im Märchengarten der Brüder Grimm grünt und blüht: die Rose, die Lilie, Wald, Bäume, Feld und Wiese, eine Menge Korn und einiges Gemüse! Er vermeidet das Wort Chaos selbst im Wald, weil es so gefährlich ist für den altmodischen Glauben an einen Schöpfer und so verlockend, in die Welt der Fraktale und der wuchernden Ornamentik hineinzuschauen. Und wenn Zweifler sich fragen, wie das ist mit der Natur, so wie sie ihre Geschöpfe auftischt und wieder abserviert, ob sie da noch nach Plänen suchen können? Fordert das Unglaubliche heraus, den Glauben zu stärken? Zum letztenmal Goethe über die Metamorphose: »Bedenkt man dabei, daß hinter jedem Blattstiele ein Auge, wo nicht in der Wirklichkeit, doch in der Möglichkeit ruht, so erblickt man in dem uns einfach scheinenden Samen schon eine Versammlung von mehreren Einzelheiten, die man

einander in der Idee gleich und in der Erscheinung ähnlich nennen kann.«

Die Blumen · Flores

Beginnen wir mit den Floskeln, den Redeblümchen der Lateiner. Flos, die Blüte, und flosculi, die Blütchen, flossen von den beredten Lippen, die blumige Rede war in Mode gekommen auf dem Forum Romanum, bei Ansprachen und Siegesfeiern, bei den römischen Gastmählern und Festen. Die poetischen Floskeln, die aus dem Mund der Schönredner nördlich der Alpen sprudelten, die aus den Federn der Schönschreiber auf Pergamente, zu Huldigungen an die Herrscher und Hochgestellten troffen, sie sind zu lesen in Vorreden alter Folianten, nach Erfindung des Buchdrucks auch in dessen frühen Erzeugnissen, mit mancherlei Stilblüten verziert. Sie hatten ihre Blütezeiten im Mittelalter und Barock. Diese Hymnen von ehrerbietigen Redensarten, Girlanden aus lobenden und devoten Schmeichelworten, Blumenkränze der Beredtsamkeit, waren von stilisierten Pflanzenornamenten, gemalten Blütenranken umrahmt: Arabesken.

Aus Arabien, aus dem Orient kamen Ornament und Blumensprache. Eine Blume, mit dem Gruß »Selam« überreicht, sagte alles. Sie hatte ihre Bedeutung und war Botschaft der Gefühle. Auch im Abendland konnte man schon früh »durch die Blume sprechen«. Hoffnung, Zuneigung, Verehrung, frohe und schmerzliche Erinnerungen, das Werben und die Abwehr wurden signalisiert. Heute noch, oder eben wieder, gibt es die kleinen illustrierten Bücher, Blumensprache, alphabetisch geordnet, etwa von Akazienblüte: »Vertraue mir«, bis Zwiebel: »Du bist mir zuwider.«

Blumen, sie sind ja so unschuldig, der Volksglaube nennt es »beseelt«. Das Volk wußte wenig Genaues von ihnen, es liebte sie, brauchte sie für die Heiligen, für Maria, die Lilie des Tales, das Maiglöckchen. Man wußte gerade, daß die weißen Blüten Unschuld, Keuschheit und Reinheit bedeuten und die roten das Blut Christi und auch die stürmische, blutvolle Liebe. Die Namen waren schlicht zusammengesetzt: Bienenblume, Butterblume, Feldblume, Gänseblume, Glockenblume, Kornblume, Maiblume, Mohnblume, Ringelblume, Schlüsselblume, Sonnenblume, Wiesenblume, Wucherblume, ein bißchen allgemein, nicht »bestimmt«. Der Pastor predigte aus dem Psalm, »der Mensch ist in seinem Leben wie Gras, er blühet wie eine Blume auf dem Felde, wenn der Wind darüber geht, so ist sie nimmer da«.

Die Frage nach der Pflanzenseele hat Aristoteles schon beantwortet: ja, es gibt sie. Von Albertus Magnus erfuhr die Welt im 13. Jahrhundert: Alles, was sich bewegt, ist beseelt, und weil Wachstum Bewegung sei, müsse auch Seele sein. Die Ungewißheit, ob Pflanzen Geschlechtlichkeit hätten wie die Tiere, war ein anderes Problem. In einer Blüte geschlechtliche Organe der Fortpflanzung zu entdecken war man weit entfernt, und auf die Mendelschen Regeln mußte man bis 1865 warten. Seine Nachfolger bewiesen an der Wunderblume, Mirabilis jalapa mit ihren roten und weißen Blüten, wenn sie die einen mit den Pollen der anderen bestäubten, die Erhaltung der Artmerkmale. Es entstehen rosa Bastarde, deren Nachkommen rot, rosa und weiß sind. Das waren die Anfänge der exakten Vererbungswissenschaft, der Genetik. Pure Phänomenologie, Erscheinungsformen genau zu sehen und folgenreich zu deuten, gingen der molekularbiologischen Aufklärung der Gene weit voraus.

Was sind Blumen, was sind Blüten? Für das Kind mit dem Blumenstrauß zum Muttertag keine Frage, die wird in der Schule gestellt. Das Gras zum Beispiel, es gehört zu den Blütenpflanzen, nur sieht man seine Blüte nicht als Blume an, es fehlt ihr die »Pracht«. Seinen Blütenstaub weht der Wind zum nächsten Gras, wodurch Gras immerzu Gras zeugt. Blumen! Sie haben es heute schwer, von einem Botaniker so genannt zu werden. Das Lehrbuch für Hochschulen sagt es in einer älteren Auflage: »Wir bezeichnen alle Blüten, die von Tieren auf Grund ihrer besonderen Einrichtungen regelmäßig aufgesucht und bestäubt werden, und ebenso alle ökologisch in ähnlicher Weise als Einheit wirksamen Blütenstände als Blumen«. Wir tun es noch, anerkennen die »extrafloralen Schauapparate«, farbenprächtige Hochblätter, die eine Blüte zur Blume anschmücken. Jede Blume eine Wunderblume. Die Natur schenkt der Geißblattblüte Parfüm und eine langröhrige Blütenkrone mit tiefsitzenden Nektarien, passend dazu der Hummel und dem Nachtschwärmer, einer kleinen Motte, den langen Rüssel. Der Schwärmer wird zur duftenden Blüte hingezogen. Und in der Geißblattlaube trafen sie sich, die Liebenden, die der betörenden Pflanze den Namen gaben: »Jelängerjelieber«.

Flos, die Blüte, flos iuventae, Blüte der Jugend, der Flor von Schönheit und Jugendkraft. Blühend, lateinisch florens, die Stadt Florenz nannte sich so, und der Name schloß Machtentfaltung, Geltung und Prunk ein. Vina in cellis florent, Weine schäumten in den Kellern der Florentiner. Schäumen, prangen, glänzen, schmücken und sich hervortun: Flora, die Blumengöttin, hatte ihren Tempel in Rom am Circus Maximus, von wo sich ihr Blumenfest, die »Floralien«, vom Ende des April bis in die ersten Maitage über die ganze Stadt ausbreitete. Blumen und Weihrauch wurden den Göttern geopfert. Die »Phyllobolie«, das Blätterschleudern, Blätterwerfen, Blumenstreuen wurde, in Griechenland wie in Rom, zur Ehrung auch für Sterbliche, sie lebt noch immer in christlichen Prozessionen und Hochzeitsbräuchen, bis zum letzten Gruß in ein offenes Grab.

Das ältere Wort blüh für Blüte, vom althochdeutschen pluohan und mittelhochdeutschen blüejen, bluon, läßt blühen und blasen in einem Zusammenhang erscheinen: »die Blume bricht und geht aus der Knospe wie die Luft aus dem Munde«, laut Grimm. Blow, englisch blühen und blasen: blow up. Da ist der Gipfel des Wachstums erreicht, auch im übertragenen Sinn für jedes materielle Wachstum.

Blumenkränze, eine Erfindung der antiken Götter, die damit gemeinsam Jupiter krönten. Venus setzte Bacchus den Kranz aufs Haupt. Ursprünglich allein zum Schmuck von Götterbildern und deren Priestern gebraucht, bekränzte man bald auch Opfertiere. Im griechischen Frühling dufteten Persephone und ihre Gespielinnen mit ihren Kränzen und Kleidern aus Blüten, wenn die Göttin, nach dem Winterschlaf der Pflanzen, aus der Unterwelt auf die Erde zurückgekehrt war. In Mexiko durfte niemand am Kranz der Blumengöttin Coatlantana riechen. Das Kränzewinden hat die Runde um die Erde gemacht, der Jungfernkranz überlebt im Hochzeitskranz. Gibt es noch Damenkränzchen in Dresden bei »Blümchenkaffee« und den Stammtisch in Halle an der Saale im »Krug zum grünen Kranze«?

Les Fleurs du mal, die Blumen des Bösen: Baudelaire widmet 1859 seinem »Meister und Freund« Gautier, »mit dem tiefsten Gefühl der Bescheidenheit diese verseuchten Blüten«. Die schönen Eisblumen der Tristesse und Melancholie, Pathos und phantastische Poesie.

Unverblümt in Goethes Faust der Klatsch am Brunnen, Lieschen zu Gretchen: »War ein Gekos und ein Geschleck: Da ist denn auch das Blümchen weg!« Danach steckt Gretchen im Zwinger frische Blumen in die Krüge vor dem Andachtsbild der Mater dolorosa. Defloriert. Sie ahnt, was ihr blüht.

Verführung, Gelüste, Glücksversprechen
ROTKÄPPCHEN, das unschuldige Kind, läßt sich vom Wolf auf Abwege locken, pflückt Blumen und bekommt es mit der Angst zu tun.
Das Märchen RAPUNZEL beginnt mit dem Blick in den Garten der Zauberin, in dem die schönsten Blumen und Kräuter stehen.
Im Reich von FRAU HOLLE scheint die Wiese unter dem Brunnenspiegel mit viel tausend Blumen ein Versprechen fürs Leben. Und wenn der junge Graf im Märchen DIE GÄNSEHIRTIN AM BRUNNEN auf einer Wiese mit Himmelsschlüsseln, Thymian und tausend anderen Blumen einschläft, wo Blumen alle gleichzeitig blühen, wie im Paradies, ist das ein Sinnbild glücklicher Verheißung.
Bevor DER STARKE HANS alle seine Abenteuer bestand, hatte er als Kind große Freude an den vielen bunten Blumen im Frühling, so daß seine Mutter immer weiter in den Wald mit ihm hineinging. Dort nahmen Räuber Mutter und Kind in ihre Höhle mit. Nach neun Jahren, groß und stark, bedrohte er mit einem Knüttel einen der Räuber, und wollte wissen, wer sein Vater sei. Da gab es eine Ohrfeige, und er wollte noch ein Jahr Kräfte sammeln. Danach schlug er den Hauptmann und alle Räuber nieder. Mit einem Mehlsack voll Gold ging er mit seiner Mutter den Vater suchen. Vor der finstren Räuberhöhle war es Tag, Hans riß die Augen auf, als er Wald, Gras, Blumen, Vögel und

die Morgensonne erblickte. Darüber staunte er, als ob er nicht recht gescheit wäre. Dieses Staunen ließ ihn mit den merkwürdigsten Kreaturen zurechtkommen, bis er endlich mit der schönen Jungfrau verheiratet war.

Blumenschmuck und Blumensträuße

Die jüngste Tochter der Holzhauersleute, die im WALDHAUS so artig, fleißig und herzensgut war, erwachte in einem Saal von königlicher Pracht. An den Wänden wuchsen auf grünseidenem Grund goldene Blumen in die Höhe. Neben ihr der Königssohn, den sie erlöst hat. DIE WAHRE BRAUT fährt mit ihrem Bräutigam nach vielen Prüfungen in ihr Schloß, wo auf der Treppe Blumen blühen. DIE UNGLEICHEN KINDER EVAS werden im blumengeschmückten Haus Gott, dem Herrn vorgestellt. Vertrieben aus dem Paradies, bewahrt Eva noch Blumen und lernt bei Gott, daß auch einfache Menschen ihren Wert haben. DER EISENHANS, der wilde Mann im Wald, stellte den jungen Königssohn am Goldbrunnen auf die Probe. Dreimal versagte der Knabe, hatte den Finger, ein Haar und am dritten Tag seinen ganzen Schopf dem Wasserspiegel zu nahe gebracht, da glänzte er wie eine Sonne und blieb auch unter dem Taschentuch nicht verborgen. Der Mann schickte den Jungen weg, versprach aber Hilfe, sein Name »Eisenhans« rufe ihn herbei. Als Küchenjunge mit einem Hütchen ist er in der Schloßküche angekommen, will seine goldenen Haare nicht zeigen, sagt, er habe den Grind am Kopf. Da wird er in den Garten geschickt zu harter Arbeit. Einmal nimmt er in der Hitze das Hütchen ab, das sieht die Königstochter und möchte, daß er ihr einen Blumenstrauß bringt. Er pflückt einen Strauß Feldblumen. Der Gärtner schilt, weil das schlechte Blumen für die Königstochter seien. Ach nein, sagt der Junge, die riechen kräftiger, sie werden ihr besser gefallen. Drei Tage brachte er ihr Feldblumen, sie zog ihm das Hütchen ab, die goldenen Haare gefielen ihr auch. Sie gab ihm goldene Dukaten, die ihm nichts bedeuteten, das Hütchen ließ er sich nicht wegnehmen. Wie er den goldenen Apfel fing und die Königstochter zur Frau bekam, steht in einem anderen Kapitel.

Erlösen, erlösen

RÄTSELMÄRCHEN. Woran erkannte der Mann seine Frau, die mit zwei anderen, vollkommen gleichen Feldblumen zusammen draußen stand und nur nachts in ihrem Haus sein durfte, als er sie am Tag abbrechen und dadurch erlösen wollte? Daran, daß kein Tau auf ihr lag, da sie bis zum Morgen nicht auf dem Feld gewesen war.
Eine Königstochter muß ihren Brüdern, den SECHS SCHWÄNEN, Hemdchen aus Sternblumen zusammennähen und darf sechs Jahre nichts sprechen, um sie zu erlösen.

Verwandelt in eine Blume, entzaubert durch ein weißes Tuch

DER LIEBSTE ROLAND floh mit dem Mädchen vor der Hexe. Es verwandelte sich in eine schöne Blume in einer Dornenhecke, der Liebste Roland spielte auf. Als die Hexe die Blume brechen wollte, mußte sie sich zu Tode tanzen. Ein zweitesmal wurde das Mädchen zur Blume, weil Roland nicht zurückkam und sie vergessen hatte. Ein Schäfer brach sie ab, legte sie in einen Kasten. In Blumengestalt tat sie heimlich die Hausarbeit bei dem Schäfer, dem war sie unheimlich. Auf Rat einer weisen Frau warf er ein weißes Tuch über sie, da war sie entzaubert, wollte aber nicht seine Frau werden, sondern wartete auf ihren Roland. Der hörte endlich ihre Stimme, hielt Hochzeit mit dem Mädchen. Sein Herz kam heim und seine Freude fing an.

Verwandelt in einen Vogel, entzaubert durch eine Blume

JORINDE UND JORINGEL waren im Wald ganz traurig und bestürzt. Das Schloß der Erzzauberin war nah, Joringel sah die Mauer, Jorinde weinte, sang und war eine Nachtigall, gefangen im Schloß. Joringel konnte nicht zu ihr, vor dem Schloß war er wie versteinert, bis die Zauberin sagte: Bind los, Zachiel zu guter Stund. Er ging fort und hütete lange Zeit Schafe, hörte den Gesang der Vögel. Träumte von der roten Blume mit der großen Perle in der Mitte, die er abbrach, zum Schloß ging, und alles, was er mit ihr berührte, entzauberte. Er erwachte, suchte die Blume, fand sie früh am neunten Tag. In ihrer Mitte der Tautropfen wie eine Perle. Im Schloß fand er die Erzzauberin und die siebentausend Körbe mit den Vögeln und den vielen hundert Nachtigallen. Eine davon wollte die Zauberin heimlich wegbringen, er berührte das Weib und den Vogel mit der Blume: Jorinde steht vor ihm, die Zaubermacht der Alten ist gebannt, alle Nachtigallen sind befreit und zu Jungfrauen verwandelt.

Warum die Winde den Namen hat

MUTTERGOTTESGLÄSCHEN. Eine schwere Weinfuhre, die eingesunken war, bekam der Fuhrmann nicht aus der Furche. Die Mutter Gottes kam vorüber und bat ihn um ein Gläschen Wein, dafür wolle sie seinen Wagen wieder frei machen. Er hatte kein Glas, da brach sie eine Feldwinde, reichte sie dem Fuhrmann und trank den Wein, den er ihr einfüllte. Das Blümchen heißt seitdem Muttergottesgläschen.

Die Gräser · Gramineae

Am dritten Schöpfungstag sprach Gott: »Es lasse die Erde aufgehen Gras und Kraut.« Damit ist das allererste genannte Lebewesen der Genesis, ein erstes Grün, das Gras.
Das seit dem Althochdeutschen immer gleichlautende, germanische Wort gras, mit dem lateinischen gramen aus dem indogermanischen ghre, ghro, wachsen und grünen stammend, ist so allgemein, wie die Grasfluren selbst verbreitet sind. Bevor die Wissenschaft sich der Gräser bemächtigte, die Arten erkannte an Unterschieden in Blüte und Grasblatt, die Verwandschaften aus abweichenden und sich gleichenden Merkmalen zu natürlichen Familien ordnete, war alles Gras, was mit schmalen Blättern und Halmen aufschoß. Womöglich alles sprossende Grün überhaupt. Auch die Getreidearten, die botanisch ebenfalls Gräser sind, wurden damit gemeint: »Denn die Erde bringt ihr selbst zum ersten das Gras, darnach die Ähren, darnach den vollen Weizen in den Ähren«, ist im Markusevangelium zu lesen. Und Walter von der Vogelweide sang: »von grase wirdet hal ze stro, er machet manic herze fro, er ist guot nider unde ho.«
Das war der junge Getreidehalm, den einer der »Väter der Botanik«, Hieronymus Bock, in seinem Kräuterbuch später lobt: »ausz dem grünen grasz des rocken machen die köch in der fasten gut sossen«. Also nicht nur Kräuter, auch ein »Gras« konnte in die Frankfurter »Grün Soß« gehackt sein. Alles in einen Topf geworfen, Gras und Kraut, wenn es um den Nutzwert geht, wo auch Gras und Laub eins sind und ohne Unterschied von den Tieren gefressen werden. Der junge Baum, gepflanzt anstelle des alten verdorrten, trug wieder »Laub und Gras«.
Der Rasen, die Wiese, Matten und Weiden sind Kollektive

aus Gewächsen mit spitzen, schmalen Blättern, dicht ineinander verwurzelt, von Weidetieren kurz gehalten und zu immer neuem Bestocken angeregt, bis Menschen sich mit ihren jeweiligen Geräten an der Herstellung und Erhaltung der Pflanzengemeinschaft beteiligten. Eine Zeitlang nannten sie es okulieren, wenn sie Rasenplatten schachbrettartig auf die Erde legten und in die Lücken Gras säten. Der alte Rasen, nicht der vom Rasenmäher auf Samt getrimmte, der bei Goethe noch den Anger kleidet und für Bauern und Städter »ein Lustort« ist, konnte sich mit Blumen schmücken, kein Gänseblümchen wurde ausgemerzt. »Der Raum wird zum Zelte, zum Teppich das Gras«, sagt er, unser Dichter. In Frau Marthens Garten wird Faust die Gretchenfrage gestellt: »wie hast dus mit der Religion?« Mephisto ist nicht weit, und am Ende, als Gretchen weggeht, nach dem Versprechen, Faust zu sich in die Kammer zu lassen, tritt er auf und sagt: »Der Grasaff, ist er weg?«

»Grünes Gras, grünes Gras unter meinen Füßen, hab' verloren meinen Schatz, werd' ihn suchen müssen«, singt das Volk. Sommerfreuden, Rasenspiele. Die Rasenbank, nicht nur im Garten der Poeten, auch am Elterngrab, stimmt bedenklich. Am Ende eben das Gras, in das man beißen muß, bevor man unter den Rasen kommt: Obenauf und darunter, Leben und Tod. »'s hohe Gras wird bald geschnitten, Hochmut tut nicht lang gut«, ist sprichwörtlich. Im biblischen Sinn sind die Menschen wie Gras, das bald verwelkt, das reife Gras muß Heu werden. Alter, Krankheit und das Schlachtfeld, gewaltsam oder sanft, der Tod mit der Sense steht bereit.

Der Rasen im Norddeutschen, der süddeutsche Wasen, gleichen sich in der Sache. Bis sich das Wort aus dem Norden in der Schriftsprache durchsetzt und den Wasen ver-

drängt, ist beides eine Erdscholle mit den darin wurzelnden Pflanzen, eine kleinere oder große Grasfläche. Wasen, wrasen, ist Feuchtsein, der Wasserdampf über kochenden Töpfen, der Nebel über der Flußaue. In Ostfriesland ist wrössem der Schaum vor dem Mund – des Rasenden?
Was nun die Gräser des Rasens betrifft, haben sie viele Namen, wie Alopecurus, der Fuchsschwanz, Hierochlorus, Mariengras, Phalaris canariensis, Kanariengras, Panicum crus galli, Hühnerhirse, Eragrostis, Liebesgras, Deschampsia, Rasenschmiele, Bromus, die Trespe, Lolium, der Lolch, Festuca, der Schwingel. Poa annua, das Rispengras ist am weitesten verbreitet. Hat man Agopyrum, die Quecke im Gartenbeet, mit ihrem Expansionsdrang: man möchte schäumen!
Alt sind die Gräser. Ihre Verbreitung über alle fünf Kontinente zeigt, daß sie zu den meistverbreiteten Familien gehören, das beweisen ihre Spuren im Tertiär. Zwölftausend Jahre vor unserer Zeit, in den Kältesteppen des Spätglazials, waren sie ebenso verbreitet wie Birken- und Kieferngehölze. Später lösten Eichenmischwälder die baumarmen Tundren ab. Gras erblühte wieder üppiger in der Bronzezeit, als der Mensch anfing, aus Gräsern mit eßbaren Samen Getreide zu machen.
Große Zahlen auch bei den Grasarten. Achttausend bis neuntausend von ihnen kann der Botaniker auseinanderzuhalten versuchen. Gräser werden durch den Wind bestäubt, haben weder Duftstoffe noch Nektar, ihre Blütenmerkmale sind unauffällig, schwer zu unterscheiden, allein durch Beachtung kleinster Abweichungen zu ordnen: Traubige und trugdoldige Blütenstände. Ähren, Kolben, Trauben, Rispen der »Echten Gräser«. Zum Spaß am Gras ist ein kleiner Einblick ins »Bestimmungsbuch« der Arten erlaubt, man hat die Wahl: »Ährchen einblütig, mehrblü-

tig, länglich, herzeiförmig – ein Herz und ein Ei –, auf Absätzen oder Aushöhlungen der Spindel, mit der breiten oder mit der schmalen Seite gegen die Spindel gestellt, sitzend oder kurz gestielt, begrannt oder grannenlos, mit oder ohne Hüllspelzen, zwei, drei oder vier, die oberen mit hakigen Dornen besetzt, grannenlos, am Grunde mit langen Borsten. Fruchtknoten an der Spitze behaart. Eine oder zwei Narben, federig. Hüllspelze mehrnervig oder einnervig, lanzettlich, gleichseitig oder breiteiförmig ungleichseitig, Spitze kahl oder behaart. Kelchspelzen, Balgklappen, mit oder ohne Grannen. Deckspelzen, Vorspelzen, Schüppchen. Staubblätter und Stempel. Protandrische, vormännliche, protogynische, vorweibliche, homogame, gleichzeitig blühende, oder kleistogame Blüten, die sich selbst bestäuben. Blüten am Grunde ohne Haare oder mit Haaren, die Hüllspelzen nicht überragen. Alle Blüten oder nur die männlichen Blüten in Rispen, sehr kleine, schuppige Hüllspelzen, die äußeren fast gleich groß. Ährchenachse nicht über die obere Spelze hinaus verlängert. Rispe einseitswendig oder allseitig weit ausgebreitet. Granne länger als Spelze…« Zur Untersuchung der Grasblüte braucht man eine Lupe, eine Pinzette, eine Nadel und viel Geduld.

Wieviele Grasarten in Grimms Märchen? Die Menschen im Mittelalter haben in unseren Urwäldern gerodet und Licht hineingelassen. So konnte Gras wachsen, die Sonne konnte es an den Tag bringen. Die Waldgeister aber bewahrten sie auf, in Märchen gebannt.

Verstehen bringt Glück

Im Märchen von der WEISSEN SCHLANGE wird Hirse, ein Gras, ins Gras gestreut. Der Jüngling, der als Diener ein Stückchen von der Schlange gegessen hatte, darum die Sprache der Tiere verstand und bereits eine schwierige Aufgabe gelöst hatte, muß eine zweite Aufgabe lösen, um die schöne stolze Königstochter zu bekommen. Zehn Säcke Hirse, von ihr selbst ausgestreut, sollte er über Nacht bis aufs letzte Körnchen aus dem Gras auslesen, oder sterben. Ihm hilft der Ameisenkönig, dessen Klagen über die Menschen, die sein Volk unachtsam zertreten, der junge Mann gehört und darauf einen Seitenweg genommen hatte, die Tiere zu verschonen. Vieltausend Ameisen waren dankbar zur Stelle. Am Morgen sind die Säcke gefüllt. Das Glück ist einen Schritt näher gekommen. Zum zweiten Mal ist die Natur mit der Gutherzigkeit im Bund. Die märchenhafte Gabe, Tiere zu verstehen, ihre Sprache, ihre Nöte, verhelfen zu Märchenkönigs Krone.

DIE GÄNSEHIRTIN, eine Königstochter, versteht die Sprache ihres Pferdes Fallada. Von ihrer Kammerjungfer wird sie auf der Reise zur eigenen Hochzeit gezwungen, die Kleider zu tauschen und selbst Magd zu werden. O Fallada, da du hangest, sagt sie jeden Tag, wenn sie zur Weide geht, unter dem finsteren Stadttor zum Kopf ihres Pferdes, der da angenagelt war. Der antwortet: Jungfer Königin, da du gangest, wenn das deine Mutter wüßte... Kürdchen, der Hütejunge, will auf der Weide ihr goldenes Haar ausraufen: Weh, weh Windchen, nimm Kürdchen sein Hütchen, ruft sie, das ist dem Kürdchen nicht geheuer. Er sagt es dem König, so kommt endlich ihr Geheimnis ans Licht und sie zu ihrem Gemahl.

Aufwachen auf einer schönen Wiese

Eine gefährliche Situation mündet in eine Entrückung, in einen Traumzustand. Bei FRAU HOLLE muß die fleißige Marie am Brunnen spinnen, bis Finger und Spule blutig sind. Beim Abwaschen fällt die Spindel ins Wasser. Nun muß Marie selbst hinunter, sie zu holen, springt in den Brunnen und kommt auf der Blumenwiese zu sich, wo das Märchendasein seinen Anfang nimmt. Das Brot im Backofen ruft: Ach, zieh mich raus! – Ach schüttel mich! ruft der Apfelbaum. Das tut sie fleißig. In Frau Holles Häuschen schüttelt sie die Betten, damit es in der Welt schneit. Als sie eine Zeitlang da war, sehnt sie sich wieder nach Hause und wird unter dem Tor, das Frau Holle ihr zeigt, mit Gold überschüttet, zur »Goldmarie«.

Mutterwitz

DAS BÜRLE ist ein armer kleiner Bauer, der sich vom Schreiner ein hölzernes Kalb machen läßt. Ein Hirte trägt es auf die Weide, bringt es aber nicht zurück, es hat ja den ganzen Tag gefressen und kann selber laufen. Das Bürle fordert sein Kalb, geht mit dem Hirten auf die Wiese, wo kein Kalb mehr ist. Listig verlangt und bekommt er dafür eine Kuh. Nun ist das Bürle jeder Überraschung gewachsen. Als die Bauern im Dorf den Schlaumeier loswerden und in einem Faß versenken wollen, läßt er den Hirten ins Faß kriechen und holt sich die Schafherde. Mit der erscheint er und behauptet, vom tiefen Grund des Wassers zu kommen, wo auf schönen Wiesen viele Lämmer weideten, die habe er mitgebracht. Alle wollen auch eine solche Herde, und die ganze Dorfbewohnerschaft stürzt sich ins Wasser.

Der arme dritte Müllerssohn erbte nichts als einen schlauen Kater, dem ließ er Stiefel machen. DER GESTIE-

FELTE KATER fing Rebhühner für den König, indem er im Gras Körner ausstreute. Für die Vögel erhielt er einen Sack Gold und brachte ihn dem Müllerssohn. Später täuschte der Kater dem König vor, der junge Müller sei ein reicher Graf, Besitzer einer Wiese, auf der hundert Bauern Heu machten. Dies und andere Anzeichen von Reichtum benutzte er, dem Müller zu einem Königreich zu verhelfen, sich selbst zum Ministerposten.
Im Märchen DIE SECHS DIENER liegt ein Mann auf der Erde, hat sein Ohr auf dem Rasen und hört das Gras wachsen. Er und seine Gesellen helfen dem Königssohn und seiner Braut, zusammenzufinden.
DIE ZWÖLF FAULEN KNECHTE lagen den ganzen Tag im Gras und rühmten sich ihrer Faulheit. Einer war fauler als der andere, dem Zwölften mußte sein Herr selbst den Wagen aus der Pfütze fahren. Wäre er nicht gekommen, so läge ich nicht hier, sondern dort und schliefe in guter Ruh, sagte der Knecht.

Entzaubern

Das SINGENDE SPRINGENDE LÖWENECKERCHEN ist für Jacob Grimm eine Lerche, es ist aber auch ein Kobold, ein kleiner Löwengeist. Das wünscht sich die jüngste Tochter vom Vater, der auf eine Reise geht, als Geschenk. Sie bekommt das Löweneckerchen, muß dafür einem Löwen angehören, dem verzauberten Königssohn, der sich in der Nacht als ein schöner Mann zeigt. Sie lieben sich, das Mädchen wird seine Frau, bekommt ein Kind. Am Ende sitzt sie weinend auf einer Wiese, schlägt das Ei auf, das ihr der Mond geschenkt hat, und eine Glucke mit zwölf Küken ganz aus Gold schlüpfen heraus. Die weidet sie auf der Wiese, so lange, bis die falsche Braut die goldenen Tierchen sieht und gegen eine Nacht mit dem Königssohn eintauscht.

Der Königssohn erkennt in der Nacht seine wahre Braut. Von da an ist der beiden Glück gemacht.
DIE GÄNSEHIRTIN AM BRUNNEN ist die verzauberte Königstochter, die am Ende ihren Grafen bekommt. Die Alte, für die der Graf das überschwere Grasbündel geschleppt hat, auf das sie selbst noch aufgesprungen war – schau dich nicht um, dein Buckel ist krumm –, nimmt ihn mit zu ihrem Häuschen. Er schläft ein auf der grünen Wiese, wo die weißen Gänse spazieren, die Alte rüttelt ihn wach, schickt ihn fort, hinein in die Abenteuer. Am Ende schenkt sie der Gänsehirtin ihre geweinten Tränen und dem Grafen zum Lohn ihr Häuschen. Sie verschwindet, die Hütte wird zum Schloß, die Tränen zu Perlen.

Augentrost

Im Märchen DIE BEIDEN WANDERER bekommt der arme Schneider, der beide Augen an den Schuster verloren hat, sein Augenlicht wieder vom Tau, der das Gras befeuchtet hat.

Grasversteck

DER EISENOFEN ist das Gefängnis des verwunschenen Königssohns, den die verirrte Königstochter gefunden hat und dann nicht wiederfindet. In einem kleinen Häuschen, umwachsen und versteckt in Gras, findet sie eine dicke Alte, die ein Sprüchlein sagt: Jungfer grün, Jungfer klein, Hutzelbein... Das kleine Haus ist ein größeres und schöneres Schloß als das Königsschloß ihres Vaters. Die beiden Königskinder sind das glückliche Paar.
Im Gras versteckt ist der Jüngste in DER RÄUBER UND SEINE DREI SÖHNE wie auch DES SCHNEIDERS DÄUMERLING, der mit dem Futter in den Kuhmagen gerät: Strip, strap, stroll, ist der Eimer bald voll?

In vielen Märchen gehört das Gras zur Grundlage, so kommt es dem Wiesengrund zu. Weide und Rasen sind Ereignisplatz, Schauplatz, Versteck und Ruheplatz, Futterplätze für wilde und zahme Tiere. Dort ist die Quelle aus der Urzeit des Animismus, der Naturreligionen, auch die der Zaubermärchen. Vorstellungen von der Mutter Erde, die alles gebiert und alles wieder aufnimmt, sind magische Weltbilder der Hirten, Jäger, Fischer und Bauern. Feld und Flur mit den Getreidegräsern sind in unseren Märchen fast so häufig wie der Wald. Dieselben uralten Märchentypen und Märchenstoffe tauchen bei vielen Völkern der Erde auf. Wagen wir einen Vergleich mit Pflanzen, die nur lokal vorkommen, den Endemiten, und den weltweit verbreiteten Kosmopoliten, deren Arealgröße, Lebensraum, Evolutionsphase und Verbreitungsform zusammenhängen, so ließe sich Ähnliches auch von Märchen verschiedener Zeiten, Typen und Verbreitung sagen: Die Kosmopoliten hätten die ältesten gemeinsamen Mythen, der Ursprung der Endemiten wären die einheimischen Mythen, Legenden und Sagen.

Das Korn · Granum
Der Hafer · Avena sativa
Der Roggen · Secale cereale

Das Korn, gotisch kaurno, althochdeutsch chorn, ist in Sprachwurzel und Urbedeutung verbunden mit Kern, auch jetzt lässig verwendet für dieselbe Sache. Das lateinische granum steht mit dem nucleus, dem Kern, in alter Verbindung. Vielleicht hängt alles am knirschenden Sanskrit: gr, zermalmen, nämlich das gotische qvairnus und das althochdeutsche quirn, das ist die Handmühle, englisch immer noch quern. Denn nichts war lebenswichtiger als die harten Kerne und Körner zu mahlen oder zu schroten für Brot, für Brei.

»Als die Römer frech geworden«, fanden sie in Germaniens Norden eine breiessende Bevölkerung vor, die Hafer anbaute, eine Pflanze, die Plinius dem Älteren als Getreideart entartet schien, der Brei daraus schmeckte den Legionären wahrscheinlich nicht.

Korn ist als Sammelbegriff für viele Getreide uralt. Im Mittelalter hießen diese: harbaro oder habbern, gersta, rocco, hirsi, hweizi, dinchil. Granum das Korn, gramen das Gras: Die Getreidekörner sind alle echte Gräser. Dinkel oder Spelt, das Schwabenkorn, eine anspruchslose Weizenart, hält die Spelzen am reifen Korn fest.

Senfkorn und Pfefferkorn gehören nicht zu den Gräsern. Sie würzen die Speisen, und Mohnkörner erscheinen als Opium fürs Volk auf Semmeln. Korn brennen kann man nicht aus ihnen, und Bier wird hauptsächlich mit Gerste gebraut.

Noch einmal von vorn: Korn ist das, was für eine Region die wichtigste und häufigste Brotfrucht ist. Was später unsere Pferde fraßen, das aßen also die alten Germanen, für die war Hafer Korn. So blieb es in Westfalen, wie in Schottland und Nordengland. Roggen, bei uns das verbreitetste Korn nördlich vom Main und in Bayern, hieß in Italien deutlich: Grano germano. In Franken und Schwaben war Dinkel, in Friesland Gerste, in Siebenbürgen Weizen Korn. Hierzulande gab man dem Weizen Namen wie Wunderkorn, wallachisch Korn.

Der Hafer, avena sativa, ist bei den Römern beides, Saathafer und wilder Hafer, ist aber nicht ihr »Korn«. Als wohltuend bekannt seit dem Altertum ist der Brei, nicht nur ge-

gen Durchfall und Erbrechen, auch gut für den Körper, wenn man ein Kataplasma bereitet, eine feuchtheiße Kompresse, die Geschwüre erweicht und Schmerzen lindert. Haferschleim hielt Dioskurides für heilsam bei Husten. Das alles war im Mittelalter auch der Brauch. Hildegard von Bingen empfahl Haferflocken als Stärkung und Diät bei Verdauungsstörungen, wie wir sie bis heute anwenden, und Haferstrohbäder für Gichtkranke und Gelähmte. Hafer erhelle den Geist, meinte sie.
Die Pflanze hat keine dicht mit Körnern besetzte Ähre wie andere Getreidearten, mit ihrer Rispe spielt der Wind. Ein Bild der Flatterhaftigkeit und des Leichtsinns sei sie. Das Volk sagte: »Wenn eine übermütige Magd der Hafer sticht, heiratet sie einen Taugenichts.«

Der Roggen, secale nennt ihn Plinius, wurde als Grünfutter gemäht, wurde geschnitten – secare heißt schneiden. Ceres, die römische Göttin der fruchtbaren Felder, ist Namenspatin der Spezies cereale. Doch gehört der Roggen als Getreidepflanze in die slawisch-germanische Vorzeit, rugr hieß er im Norden, ruzi war sein altslawischer Name, im frühen Mittelalter rocco, später rocke und rogge. Aus Westasien eingeschleppt, kommt er als Unkraut in Gersten- und Weizenfelder.

Im Norden und in den Gebirgen wurde aus dem winterfesten Gewächs allmählich eine Kulturpflanze.
Mehr noch als der Hafer wurde er das Korn genannt. Aus ihm ist das Schwarzbrot, das gesunde Bauernbrot. Roggenpapp war der ländliche Morgenbrei: »Bappen von roggin mäll gemacht«, heißt es in einer Sittengeschichte aus dem 16. Jahrhundert, aber Roggen mache »Wind im Leib, wie die Gerste«, sagte der Philosoph Avicenna schon vor tausend Jahren.
In den Roggenfeldern wohnt die Roggenmuhme, haust der böse Roggenwolf. Kaum ein Getreidefeld ist von den Korndämonen so bevölkert wie das Roggenfeld. Wenn der Wind die Halme bewegt, daß das Feld einem wogenden Meer gleicht, schleichen wildfremde Tiere durchs Korn, schrecken nicht nur die Kinder. Der dürre Bilwis mit den langen Rockschößen hat den Schuh ausgezogen, die scharfe Sichel an den großen Zeh gebunden und kreuz und quer Schneisen ins Kornfeld gelegt. Ihn fürchten die Bauern. Geht das Kornmandl um, das Kornweible, mythische Wesen, bringt man ihnen Garbenopfer, bannt sie in Garbenpuppen, die man beschwört mit frommen und abergläubischen Bräuchen beim Ernten und Dreschen. Roggen im Bettstroh macht fruchtbar. Roggen in der Sympathischen Medizin ist unentbehrlich gegen Fieber, gegen Warzen, gegen Rotlauf. Zur Hochzeit gehörten die Roggenkörner seit alters, bevor das internationale Reiskorn ihre Rolle allüberall übernahm.
Auf den Roggenähren sitzt zwischen den Körnchen ein Hörnchen, dunkelviolett, fast schwarz, das Mutterkorn, cornutum secale: der Pilz claviceps purpurea, und ist giftig. Er machte im Mittelalter, mit dem Korn gemahlen, im Brot gegessen, das Volk krank, das nicht wußte, woher die Plagen kamen, die Schmerzen und Krämpfe, das Grimmen

und Brennen, die Diarrhöe und die brandigen Glieder, oft tödlich und manchmal als verheerende Epidemie wütend, so im Jahr 944 in Paris, bis zuletzt 1855 bei uns, als man bereits die Ursache kannte. In China wurden seine Gifte zur Geburtshilfe schon lange gebraucht, aber erst seit dem 17. Jahrhundert diente auch in Europa das Mutterkorn, Wehen fördernd und blutstillend, hilfreich bei schweren Entbindungen.

Agrikultur läßt Märchen wachsen. Nicht nur der vergrabene Goldschatz in der Erde regt die Phantasie auf. Der Ertrag, althochdeutsch gitragide, das Getreide, das die Erde als goldenes Feld hervorbringt, ist märchenhaft. Seinen lateinischen Namen, panis, verdankt es dem Hirtengott Pan. Das Brot ist Laib und Leib, auch heilig, als Hostie, und es ist die erste Bitte im Vaterunser.
In 28 Geschichten spielen Brot, Korn und Feld eine Rolle, manchmal sind sie nur die Basis, die Ebene, auf der etwas geschieht.

Zum Beispiel die Ähre
Das Märchen von der KORNÄHRE erzählt von den ersten Ähren mit Körnern vom Erdboden bis zur Spitze des Halms. Damals war der Boden noch hundertmal fruchtbarer als jetzt, Gott selbst noch auf der Erde anwesend. Er sah eine Mutter am Rand des Kornfelds das schmutzige Kleidchen ihres Kindes mit abgerissenen Ähren säubern. Zur Strafe für die Mißachtung seiner himmlischen Gabe, für Undankbarkeit und Verschwendung, sollte nun kein Halm mehr fruchtbar sein. Nur auf flehendes Bitten ließ er, der unschuldigen Hühner wegen, die kurzen Ähren stehen, wie wir sie jetzt haben.

Zum Beispiel das Gold

Der Goldfund der KLUGEN BAUERNTOCHTER macht zum Schluß auch ihr Glück, weil der König ihr lieber ist als alles andere.

Ein armer Kornhändler bekommt aus dem Berg Semsi Gold heraus. Sein reicher Bruder wird im SIMELIBERG das Opfer der zwölf Räuber, weil er den rechten Namen des Bergs vergessen hat.

Der GESTIEFELTE KATER macht den jüngsten Müllerssohn, der nichts geerbt hat als diese Katze, reich und glücklich. In Stiefeln, auf zwei Beinen wie ein Mensch, nimmt der Kater seinen Sack voll Korn und geht davon. Er fängt damit Rebhühner, auf die der König großen Appetit hat, bringt sie ins Schloß und sagt: Mein Herr, der Graf, läßt sich dem Herrn König empfehlen. Mit Gold gefüllt bringt der Kater den Sack dem Müllerssohn. Komm mit mir hinaus, sagt er später zu seinem Herrn, wenn du willst ein Graf und reich werden. Und mit viel Witz bringen es die beiden zu Schloß und Prinzessin, der Kater wird erster Minister.

Der zweite Sohn der DREI GLÜCKSKINDER mähte die Felder auf einer Insel – dort war die Sense noch unbekannt, und das Korn wurde mit Kanonen von den Ähren geschossen. Sein Lohn war ein Pferd, beladen mit Gold, soviel es tragen konnte.

Zum Beispiel das Brot

Der Backofen im Märchen von FRAU HOLLE, in dem das Brot ruft, zieh mich raus, sonst verbrenn ich, ich bin schon längst ausgebacken, stellt die erste Aufgabe an die fleißige und an die faule Marie.

Das Stückchen Brot, mit dem das Mädchen im STERNTALER aufs Feld geht, schenkt es gutherzig einem armen Mann.

DIE UNGLEICHEN KINDER EVAS sollen im Schweiße ihres Angesichts ihr Brot essen. Gott Vater besucht sie auf der Erde, macht die acht schönen Kinder zu reichen Würdenträgern, vom König bis zum Gelehrten, die zwölf häßlichen werden Bauern, andere Handwerker, der letzte ein Hausknecht. Gott segnet alle und erklärt Eva, wie wichtig die Brotberufe sind.

DER ALTE SULTAN, ein zahnloser Hofhund, kein Gnadenbrot mehr wert, bekommt Rat und Hilfe von einem gescheiten Wolf.

In DER FUCHS UND DAS PFERD verhilft dem treuen, alten Haustier der schlaue Fuchs zur Altersversorgung.

Zum Beispiel das Feld

Drei Soldaten, die ausreißen wollen, verstecken sich im Kornfeld, müssen sieben Jahre dem Teufel dienen im Märchen vom TEUFEL UND SEINER GROSSMUTTER.

DAS UNGLÜCK findet jeden, den es treffen will, auch wenn er sich im Feld verkriecht.

Ein verabschiedeter Soldat, nichts gelernt und ohne Sold, geht furchtlos querfeldein im STIEFEL AUS BÜFFELLEDER und macht sein Glück.

Über Wiese, Feld und Steine geht es bei BRÜDERCHEN UND SCHWESTERCHEN.

KNOIST UN SINE DRE SÜHNE, der eine blind, der andre lahm, der dritte nackt, gehen über Feld und schießen einen Hasen. Der Blinde schießt, der Lahme fängt ihn, und der Nackte steckt ihn in die Tasche.

DER JUNGE RIESE, ein Däumling aus einer Ackerfurche, wird von einem Riesen mitgenommen und gesäugt. Riesengroß und stark, eggt und pflügt er und fährt acht Malter Korn zur Mühle.

DES SCHNEIDERS DAUMERLING WANDERSCHAFT führt am Ende über ein Feld, wo ihn ein Fuchs aufgeschnappt und im Hals hat. Der Daumerling verspricht dem Fuchs die Hühner seines Vaters. Dem Vater ist sein Sohn lieber als die Hühner im Hof, die der Fuchs zu fressen kriegt.

Zum Beispiel die Törichten

DIE KLUGE ELSE soll Hans heiraten, sieht aber nur Unglück voraus für das Kind, das sie bekommen könnte, macht nichts als Dummheiten. Hans sagt, mehr Verstand ist für meinen Haushalt nicht nötig, und nimmt sie zur Frau. Er verdient das Geld, sie geht aufs Feld, mit einem Topf Brei, Korn schneiden. Schneid ich ehr oder ess ich ehr? fragt sie sich, ißt den Topf leer, legt sich ins Korn, schläft. Sie kommt nicht nach Haus, und Hans meint, sie sei fleißig. Abends will er sie holen, da schläft sie im Korn. Als sie endlich aufwacht, hat Hans sie in ein Vogelgarn mit Schellen eingewickelt, und sie weiß nicht mehr, wer sie ist.

DER FRIEDER UND DAS CATHERLIESCHEN sind ein ähnliches Paar. Er arbeitet auf dem Acker, sie verdirbt zu Hause einen ganzen Sack voll Mehl, verteilt das Gold am Gartenzaun und treibt anderen Unfug. Zur Feldarbeit geschickt, fragt sich Catherlieschen, eß ich, eh ich schneid, oder schlaf ich, eh ich schneid? Satt und schläfrig schneidet sie ihre Kleider vom Leib und wacht endlich auf: Bin ichs oder bin ichs nicht?

Der Weizen · Triticum sativum

Der Weizen gab den Menschen, die ihn im reichen Zweistromland, im vorderen Orient kultivierten, von Anfang an einen Begriff vom Leben auf der Erde. Nicht überall war das Land gesegnet, nur anspruchsloser Hartweizen wuchs auf den unbewässerten Äckern. Im alten Testament liest

man die Geschichte Israels. Da waren Hungerjahre, Brot war kostbar. Die Söhne Jakobs gerieten in das reiche Ägypten, ihre Nachkommen brachten die Erfahrungen der Ägypter mit zurück in ihr »Gelobtes Land«.
Weizen und Honig, das Beste für das auserwählte Volk, hat Gott ihm selbst versprochen. »Tue deinen Mund weit auf, ich will ihn füllen.« Für die himmlische Speise der Dank mit symbolischen Schaubroten im Tempel der Juden.
Die Ägypter hatten Osiris, den Fruchtbarkeitsgott. Ihren Toten legten sie Weizenkörner in die Mumiensärge. Bei den Griechen und Römern gab es während der eleusinischen Mysterien feine Weizenkuchen und Wein. Demeter, weizenblond, und Ceres zeigten hocherhoben eine Ähre. Die Muttergöttin Demeter trug sie in der Hand, als Symbol eines Fortlebens nach dem Tod. In diesem Sinn wurde auf den frischen Gräbern Weizen gesät.
Im Johannesevangelium des Neuen Testaments steht: »Es sei denn, daß das Weizenkorn in die Erde falle und ersterbe, so bleibt's allein; wo es aber erstirbt, so bringt es viele Früchte.« Die Metapher für das Leben nach dem Tod, der Auferstehungsgedanke, und auch eine Erkenntnis der irdischen Naturgesetze. Nichts ist verloren, nichts vergeht, ohne neues Leben zu wecken und zu mehren, wenn es auf fruchtbaren Boden fällt.
Weiß, weisz ist das Mehl, und das Getreide, aus dem es gemahlen ist, bekommt davon den Namen wisze, weitze, weizzi. In Kräuterbüchern des 16. Jahrhunderts ist immer noch weissen, weyssen zu lesen. Vor fünftausend Jahren soll aus zufälligen Kreuzungen von zwei Gräserarten, dem Emmer und einem Wildgras, das Gewächs entstanden sein, dessen Kulturformen in langen Perioden ausgelesen und angebaut wurden. Zuerst hat das Vieh die Körner herausgestampft, als der Bauer und die Knechte den Flegel

selbst in die Hand nahmen, haben sie gedroschen. Tritus, gedroschen, triturare, austreten, herausstampfen, das gab dem Weizen seinen botanischen Namen triticum. Er ist verbreitet in vielen Arten und immer neuen Sorten, die, angepaßt an alle erdenklichen Verhältnisse, gezüchtet werden. In Ägypten zeigte der Wunderweizen, triticum compositum, die vollen Ähren aus Pharaos Traum. Triticum spelta, der Dinkel oder Spelt, wuchs ebenfalls am Nil.

Eine alte Benennung ist »dünkelweizen«, ein »dunkles« Wort aus dem Keller, wo die Webstuben waren, Dung gegen Kälte über der Stubendecke. Unwahrscheinlich, daß der Name mit dem Dünkel, der Arroganz, zu tun hat. Ein Sprichwort sagt: »Wer in Dinkel fällt, kommt staubig heraus.«

DER BAUER UND DER TEUFEL machen einen Pakt um einen Schatz, den das schwarze Teufelchen auf des Bauern Acker hütet. Sie handeln ein wenig und kommen überein, daß der Schatz nach zwei Jahren dem Bauern gehören soll, bis dahin bekommt jeder die Hälfte der Ernte. Das Bäuerlein schlägt vor, der Teufel erhält, was über der Erde, es selbst, was darunter gewachsen ist. Der Schelm hatte aber Rüben gesät, da ging der Teufel im ersten Jahr leer aus. Der Teufel will tauschen, der Bauer macht mit, sät Weizen, und der Teufel ist wieder betrogen. Wütend fährt er ab in eine Felsschlucht und der verschmitzte Bauer holt sich den Schatz.

Reichtum über der Erde und unter der Erde, die Goldene Aue, ein Geschenk des Himmels, Fleiß und Mutterwitz dazu, der Teufel geht zum Teufel.

DIE KLUGEN LEUTE. Trine ist als Kind auf den Kopf gefallen, läßt sich vom Viehhändler übers Ohr hauen. Ihr Mann will sie verprügeln, nur wenn er jemand noch Einfältigeren findet, soll sie verschont sein. Er trifft eine Frau, die ihren

Weizen verkauft hat und mit Stroh heimfährt. Sie steht im Wagen, meint, die Ochsen hätten es leichter, als wenn sie sitzt. So eine hatte der Bauer gesucht. Er sei vom Himmel gefallen, sagt er, und wolle dahin zurück. Da gibt sie ihm den Erlös vom Weizen für ihren toten Mann im Himmel mit. Zu Hause erzählt sie alles ihrem Sohn, der auch nicht gescheiter ist, hinausgeht und den Bauern sucht, um auch etwas vom Himmel zu hören. Der jagt ihm den Gaul ab, zählt sein Geld, kehrt zu Trine zurück und ist zufrieden, daß es noch zwei einfältigere Narren gibt als sie. Schließlich verdankt er der vereinten Dummheit seinen neuen Wohlstand.
Auch den naivsten, »unsinniglichsten blüht der Weizen«, lacht das Glück. »gib almosen... du wirst sehen, dasz dir dein kreutzer zu einem taller wird,... dein Korn zu einem waitzen wird« schrieb Abraham A. S. Clara vor dreihundert Jahren. Hundert Jahre vorher liest man in »der Teutschen Weisheit« von Petri: »halt an dich und sey nicht zu mild, wer weisz was noch der weitzen gilt.«
Wenn ROTKÄPPCHEN Kuchen und Wein zur Großmutter trägt, ist einiges versammelt im Korb: der Kuchen, lateinisch placenta, der Mutterkuchen. Der Platz, die Plätzchen, der Fladen. Flade war der Opferkuchen, »und sie buchen aus dem rohen teig, den sie aus egypten brachten, ungesewrte kuchen«, übersetzt Luther aus der Alten Schrift. Mazzen ohne Sauerteig. Unser mittelalterlicher chuocho, zieht im Verlauf der Sprachgeschichte die Kekse nach sich. Das Schlaraffenland ist bei den Romanen die cuccagna, Kuchenland. Der Zirkelschluß von der Plazenta zum Kuchenbacken führt durch den Backofen der heißen Liebe zum fertigen Gebäck. Hocherotisch und lustbetont ist das Einschieben in den Ofen. Wie der Teig aufgeht, sich bläht durch die Trieb!mittel Sauerteig und Hefe, ein populäres

Bild der Schwangerschaft, so ähnlich sind sich der schwellende Laib und Leib. Und »was sind die Brüste? ambrosiner Kuchen«, fragte Hoffmannswaldau vor 250 Jahren. Damals war auch die Hebamme die »Küchleinmutter«.

Die Gerste · Hordeum sativum
Die Hirse · Panicum miliaceum

»Ghars«, das alte indische Wort, meint die stachligen Grannen, und das lateinische hordeum enthält horrere, starren. Borstig, garstig sträubt sich mit haarigen Grannen die Gerstenähre. Ein Horror? Sie ist das Brot der Armen, doch eine der sieben biblischen Getreidearten, mit denen das Gelobte Land gesegnet war, vielleicht die älteste der Feldfrüchte überhaupt. Anspruchslos, auf kargen und trockenen Böden wächst sie vom höchsten Norden bis zu den Tropen. Seit Urzeiten wurde sie in Vorderasien angebaut. In den Siedlungen der steinzeitlichen Pfahlbauern hat sie bei uns Spuren hinterlassen. Den Ansprüchen der Neuzeit genügte sie nicht, schon im 16. Jahrhundert fütterte man hauptsächlich die Tiere mit ihr. Kälberzähne hießen später die Körner. »Die Gerste ist gut geraten«, sagt einer und bekommt die Antwort: »So geh' hin und melde es den Pferden.« Heute ist dieses arme Brot eine gesunde Delikatesse. Die frühere Hausmannskost, Gersta, Graupensuppe und Grütze wird in verfeinerten Rezepten wieder hochmodern bei jungen Köchen.

»Heilige Gerste« streuten die Griechen auf ihre Opfertiere. Demeter sieht man nicht nur mit Weizen, manchmal trägt sie eine Ähre mit langen, starren Grannen. Das paßte zu ihr, als eine demütige »Erntegöttin« bleibt sie auf der Erde, thronte nicht im Olymp, sorgte mütterlich für Seßhaftig-

keit, die der Ackerbau mit sich brachte. Wohnsitze und sitthaft bäuerliches Leben, Agrikultur und Beginn der Kultur gediehen in ihrer Obhut.
In Rom hatte man weniger Hochachtung vor dem groben Getreide. Wohl hat Ceres auch bei den Römern jedes Korn beschützt, bevorzugt aber den Weizen. Römische Soldaten bekamen Gerstenbrot zu essen, wenn sie Schlacht und Feldzeichen verloren hatten. Das war eine Strafe. Der Name der Göttin ist lebendig in den Cerealien, die heutige Werbespots für Flocken aller Art unserer Gesundheit empfehlen.
Hoch im Norden, berichtet die Edda, ist der Gott Heimdall dreimal Gast auf der Erde, bekommt bei den Armen Gerstenbrot, bei den Reichen feinen Weizenkuchen. Doch die Germanen konnten ihren Göttern nur Gerstenopfer bringen. Ihr Met war Honigwein. Der Trank aus Gerste, den die Ägypter und auch die Spanier kannten, kam von dort zu den Kelten und erst später zu den Germanen. Die Völkerwanderung bescherte den Hopfen, der förderte die Entwicklung zum edlen Gerstensaft Bier. Im Mittelalter florierte der Klosterbräu in Tälern mit dem guten Wasser. Auch Adel und Städte bekamen das Braurecht. Überall erschien der schöne Schaum, die Blume auf dem frisch Gezapften. Im 14. Jahrhundert blühte diese Blume, war Haupteinnahmequelle der Flamen und Niederländer. In Brüssel lebte Johann der Erste, Herzog von Brabant, der mythische Braukönig Gambrinus. Überall sprudelnd, überschäumend: Urquell in München. Märzenbier in Berlin. Dinkelacker in Stuttgart.
Noch in unserem Jahrhundert wurden im Bayrischen Wald Tonköpfe, mit Gerste gefüllt gegen chronische Kopfkrankheiten, in Kapellen und an Wallfahrtsbäumen aufgehängt. Alte Bräuche, alte Heilverfahren. Drei Gerstenkörner in

der Hand des Fieberkranken, und danach in die Erde gebracht, keimen. Und wenn die Halme zittern, haben sie das Fieber an sich genommen, die Krankheit geheilt.

Panis, das Brot der Lateiner, war kaum aus Hirsekörnern, den Namen panicum gab eher panus oder panica, die Rispe. Lange Zeit hieß Hirse auch milium, obwohl das kaum mit millia, ihren tausenden kleinen Körnern zusammengebracht wird. Ebenso gibt es keinen Hinweis auf eine Verwandtschaft von Hirse mit hirsutus, struppig. Als Gras hat sie noch Megenberg zu Orakeln verleitet: »daz ain ist gemainer hirs und haizet ze latein milium... daz ander ist niht so gemainer hirz und haizet ze latein panicum«. Auch sie ist etwa so alt wie Gerste. Im Mittelalter war der Brei ein stärkendes Essen zu jeder Tageszeit, und bis ins 17. Jahrhundert kam morgens Hirsebrei täglich in vielen Teilen unseres Landes auf den Tisch.
Die Unzahl der Körnchen machte auch die Hirse zum Fruchtbarkeitssymbol. In Süddeutschland und im Osten gehörte Hirsebrei zum Hochzeitsessen. Das leuchtende Gelb der Ähren versprach Gold und Reichtum, wenn man aber von Hirse träumte, bedeutete das Armut. Beim Leichenschmaus durfte der Brei für die verstorbenen Seelen nicht fehlen.
Den Unterirdischen, den Hausgeistern und Zwergen, stellte man Schüsselchen mit Hirse unter die Treppe, auch »Drachen« wurden mit ihr gefüttert. Aber die Hexe, den Schratl, hält sie fern, die müssen Körner auf der Schwelle zählen und kommen darüber nicht ins Haus. Abwehrzauber bannt den bösen Blick: dreimal wirft man eine Handvoll Hirse über die linke Schulter.
Sät der Bauer durch ein Hosenbein oder durch eine Wolfsgurgel, hat er gar die Mütze eines Toten, aus der er die Saat

streut, gibt das die beste Ernte, wenn er dazu ein Steinchen oder das Spänchen einer Radspeiche zwischen die Zähne nimmt. Ist die Saat gediehen, muß er in der Laurentiusnacht nackt um das Feld laufen, damit die Vögel sie nicht fressen.

Heimlich ißt der Diener im Märchen von der WEISSEN SCHLANGE ein Stückchen von ihr aus der verdeckten Schüssel, die dem König am Ende der Mahlzeit aufgetragen wird. Da versteht er auf einmal die Sprache der Tiere und kann sich vom Verdacht, der Königin Ring gestohlen zu haben retten, weil er hört, wie eine Ente sagt, daß ihr dieser schwer im Magen liegt. Die Ente wird geschlachtet, der Ring kommt zum Vorschein. Der Diener wird belohnt mit einem Pferd, mit Reisegeld und Freiheit. In einer großen Stadt bewirbt er sich um die Königstochter und besteht drei Proben, sie zu gewinnen. Bei der zweiten werden zehn Säcke Hirse ins Gras geschüttet, die soll er über Nacht auslesen. Er wird seinen Kopf verlieren, wenn es nicht gelingt, er verliert ihn schon vor Angst, sitzt im Gras und wartet auf den Tod. Am Morgen stehen die zehn Säcke voll da, kein Hirsekörnchen mehr zwischen den Gräsern. Ameisen, denen der Jüngling auf seiner Reise geholfen hatte, haben ihren Dank abgestattet. Nach der dritten Probe sind ihm Königstochter und Krone sicher.
Wenn's Hirsebrei regnet, habe ich keinen Löffel, sagt der Affe in der Geschichte DIE LEBENSZEIT. Er ist ein armer Spaßmacher. Wenn er einen Apfel geschenkt bekommt, beißt er gewiß in einen sauren. Er möchte nicht mehr lange leben, was Gott versteht und ihm zehn Lebensjahre erläßt.
Im Märchen DAS WALDHAUS streut der Holzhauer Hirse, damit seine älteste Tochter den Weg findet, wenn sie ihm das

Essen in den Wald bringt. Vögel haben die Körner aufgepickt, das Mädchen findet die Spur zum Vater nicht und geht in die Irre. Bei Nacht gerät sie ins Waldhaus, wo ein weißbärtiger Mann mit seinen Tieren lebt. Da zeigt das Mädchen kein Gefühl für die hungrigen Tiere und wird von dem Alten in den Keller versenkt. Die jüngste Tochter aber, die zuletzt ins Waldhaus gerät, kümmert sich um den alten Mann und die Tiere, streut Hühnchen und Hähnchen Gerste, ist fürsorglich und freundlich. Damit entzaubert sie das Waldhaus. Aus dem Alten wird ein Prinz, aus dem Häuschen ein Palast. Schön Hühnchen, schön Hähnchen und die schöne bunte Kuh sind wieder die drei Diener.

DER SPERLING UND SEINE VIER KINDER kommen im Herbst zusammen. Der Vater will seine Söhne vor Gefahren warnen. Es geht ihnen gut, sie sind auf der Hut, haben mit Kaufleuten und bei Hofe Erfahrungen gemacht. Der dritte Sohn ist auf Fahrwegen und Landstraßen nicht verhungert, hat Körnlein und Gräuplein gefressen und bei den Bergleuten gelernt, wie man sich vor Handsteinen hütet. Das ist mehr, als wenn ein blindes Huhn ein Korn findet.

Vor dem Glück steht immer die Arbeit, so ist das mit den Körnern. Ausgestreutes finden, nicht mehr finden, weil andere es schon gefressen haben. Schließlich einen Zauber brechen, nicht allein durch Fleiß, sondern mit Herz für Menschen und Tiere.

Streuen, lateinisch sternere. Im Stroh versteckt die Sprachwurzel »ster«. Straujan, streuen, sagten die Goten, und strawa war das Aufgeschichtete, das Lager, auf dem sie schliefen. Im frühen Mittelalter beschränkt sich die Bedeutung auf das Material: stro. Das sind die Getreidehalme nach dem Dreschen. Aus ihnen das Bett, der Strohsack für die Nacht. Streu und Häcksel für die Pferde, fürs Vieh. Vor dem Haus lag der »Misthaufen« als Stolz des Bauern, die Dunglege aus dem Stall, in der die Halme verrotten, ein duftendes Kapital, das gute Ernten versprach. Unter dem Strohdach der reichen Bauern stand das Fachwerk auf der Grundmauer aus Stein, aufrecht. Aus Holz und Stroh wurden die Katen der Armen bald windschief. Hochgemut gibt im 17. Jahrhundert der barocke Dichter Lohenstein bekannt: »Wo leim und stroh vor stand, glänzt nunmehr marmelstein.«

Und wo ist er heute, der rettende Strohhalm, den man ergreift in verzweifelter Lage? Er wird nicht mehr gebraucht. Selbst der Trinkhalm im Eiskaffee, im Cocktail, ist längst ein buntes Kunststoffrohr, nichts zum Festhalten, eher zum Feste feiern. Keine Seifenblasen fliegen mehr aus dem viergeteilt gespreizten Ende des goldenen Halms in den Himmel, irisierende Modelle durchsichtiger Weltkugeln, die kurze Träume erlauben, bevor sie platzen. Die Halme auf den Feldern werden kurz gehalten. Der Misthaufen vor dem Hof und seine Wohlstand anzeigenden Strohmassen sind Geschichte. Das Andenken an den Duft von Mariae Bettstroh aus Labkraut oder Waldmeister ist vergessen. »Da liegt es das Kindlein, auf Heu und auf Stroh«, am Heiligen Abend, und Paul Gerhard läßt in einem Kirchenlied singen: »Ach Heu und Stroh ist viel zu schlecht.«

Auf Stroh liegen immer die Armen. Und wenn der Heuschober besetzt ist: die Liebenden. Das hört man bereits von Minnesängern, die ihre Sinne beisammen hatten und ohne Hintersinn auskamen. Brennt Liebe? Lichterloh oder wie ein Strohfeuer? Was raschelt im Stroh, Suse liebe Suse? Kein Minnesang. »Feurio, der Neckar brennt, holet Stroh und löschet gschwend!« rufen Schwaben den Schildbürgern zu.
Immer schon ist Stroh bestes natürliches Material, aus dem Panamastrohhut sowie Weihnachtsstern gemacht sind. Einst hat man mit Stroh gerechnet. Es gab das Maß für Verpackung samt Inhalt, zum Beispiel: »ein stro bucking ist tausent«, eine Menge Bücklinge im späten Mittelalter. Jetzt darf ein bißchen echtes Stroh manchmal noch edlen Wein in seiner Flasche schützen. Und die Besenwirtschaften schenken den »Neuen« im Erzeugerdorf aus, der Strohwisch über der Tür zeigt es an.
Nichts wert, das Ganze: nichtig, eitel, leer und taub, dürr

und trocken. Das Hoffen wird zu Stroh, so werden wir aufs Stroh gebracht, arm gemacht und kauen trocken Stroh. Strohwitwe Frau Marthe Schwerdtlein in Goethes Faust über ihren Mann: »geht stracks in die Welt hinein und lässt mich auf dem Stroh allein«, auch das noch. Fruchtlos, sinnlos, vergeblich wird leeres Stroh gedroschen. Der Strohkopf ist strohdumm, doch redet oft strohtrocken der Gelehrte, auch wenn sein Wissen nicht von Stroh und nicht von Pappe ist.

»Daz stro ist umb kornes willen und nit mehr«, predigt Johannes Tauler im 14. Jahrhundert. Und doch ist etwas an den Halmen, das glänzt und mehr verspricht, mehr als Erntesegen oder nur materiellen Ertrag. Das Glück, der Glanz vom Gold steckt dahinter, ein auf dem Acker selbstbestellter, märchenhafter Schatz, falls man die Ähre erntet.

Die Narren trugen Stroh auf dem Kopf, das blitzte golden; der Schädel voll Tiefsinn, Wahnsinn, Hintersinn. In Württemberg, »in Winnenden bei den Spinnenden«, saßen die Irren im Ländle in ihrer Anstalt und haben gesponnen. Sie haben Stuttgart mit Witzen versorgt, die nie häßlich waren. Im Turm in Tübingen Hölderlin, spann Stroh zu Gold.

Das Märchen vom RUMPELSTILZCHEN ist eine Parabel für die Verschränkung zwischen lebendigem Glück und totem Reichtum. Es war einmal ein Müller, der hatte eine schöne Tochter... die kann Stroh zu Gold spinnen, sagte er dem König. Der war interessiert. Da saß die arme Müllerstochter nun in einer Kammer voll Stroh und sollte sterben, wenn morgen nicht alles zu Gold war, und weinte. Kam das kleine Männchen und spann schnurr, schnurr, schnurr, drei Nächte lang Stroh in glänzendes Gold auf die Spule. Die schöne Müllerstochter gab ihm dafür Halsband, Ring und das Versprechen für ihr erstes Kind. Das Gold gefiel dem König, und er hielt Hochzeit mit dem Mädchen, machte es zur Königin. Das Jahr ist um, sie hat ein schönes Kind geboren, der Zwerg steht da und will es holen. Ihr Weinen rührt ihn und er läßt ihr das Kind, wenn sie seinen Namen errät. Dreimal darf sie raten. Weit und breit im Land umher horcht ein Bote seltsame neue Namen aus. So heiß ich nicht, sagt der Zwerg am ersten und am zweiten Tag. Am dritten Tag sieht der Bote ein lächerlich Männchen, hüpft auf einem Bein: Heute back ich, morgen brau ich, übermorgen hol ich der Königin ihr Kind; ach, wie gut, daß niemand weiß, daß ich Rumpelstilzchen heiß! Als die Königin dem Zwerg seinen Namen sagt, fährt der vor Zorn mit dem halben Leib in die Erde, packt seinen linken Fuß und reißt sich selbst mitten entzwei.

Kenn ich dich, so hab ich dich. Der Namenzauber ist gebrochen, der Dämon fährt zur Hölle. Vom Rumpelgeist, dem Poltergeist, schreibt Fischart vor dreihundert Jahren, als solche Geister in Korn und Kate spukten: »deszhalben, o herr Belial/ o Belzebub mein cardinal/ ihr feld theufel und rumpelgeyster/ die auff betriegen seit die meyster, verschwind!«.

Nicht auf Rosen gebettet

DER ARME JUNGE IM GRAB wird verprügelt, daß er krank ins Bett muß, weil er dem Bauern, dem er als Waise gehört, zu dumm ist. Als er in fünf Stunden einige Bund Stroh zu Häcksel schneiden sollte, in der Hitze der Arbeit sein Röcklein auszog und mit dem Stroh zusammen zerschnitt, wollte er sich vor Angst vergiften. Er hielt Ungarwein für Fliegengift, legte sich berauscht in ein offenes Grab, hörte Musik aus dem Paradies und erwachte nicht mehr. Glücklich? Der Bauer jedenfalls kriegt seine Strafe.

In der Kinderlegende DER HEILIGE JOSEPH IM WALDE wird das gute Kind, das sich aufs Stroh legen will und Joseph das weiche Bett überlassen, mit einem schweren Sack voll Geld beschenkt. Das zweite Kind sagt, wir haben beide Platz im Bett, und wird ebenso belohnt, das dritte aber, das sich ins Bett legt, und dem alten Joseph das harte Stroh selbstverständlich überläßt, wird dafür auch hart bestraft.

Nichts will glücken mit Brücken aus Stroh
STROHHALM, KOHLE UND BOHNE wollen zusammen ihrem Schicksal entkommen, aber der Halm, der die Brücke zum rettenden Ufer darstellt, fängt Feuer an der Kohle, sie fallen in den Bach und die Kohle gibt ihren Geist auf.
Ähnlich geht es zu in der Geschichte VON DEM TODE DES HÜHNCHENS, in der sich der Strohhalm für die von Tieren überladene Kutsche mit dem toten Hühnchen quer über den Bach legt und unter dem Gewicht zerbricht.

Die Binse · Juncus species

Am Bachrand, auf feuchten Wiesen, im Moor und in der Heide steht die Binse, biegsam, nachgiebig, ein Sinnbild der Schwäche und ein Sinnbild der Klugheit. Alte Devisen werden mit ihr illuminiert, die lauten: »Man muß dem Sturm gehorchen« und »Wir beugen uns, wir brechen nicht«. Doch die Elastizität ist nicht unbeschränkt. »Binsen mögen vom Athem knicken, Eichen wollen den Sturm«, erklärt Schiller und ist für die Eiche, für die erhabenen Wipfel von Jupiters Baum, die herabschauen auf alles, was ein Lufthauch umbläst.
Näher am feuchten Element, an Sumpf und Moor, wo sich das Gras beugt, ist es unheimlich. Leicht verliert der Wanderer den Weg, den Boden unter den Füßen, muß versinken, ertrinken. Da kracht ein Schuß, die Wildente, der

Auerhahn fallen in Binsenbüschel. Die sind »in die Binsen gegangen«, verloren. Das ist eine Redensart.
Ist es auch eine »Binsenwahrheit«? So etwa wie die: »Wer sich in Gefahr begibt, kommt darin um«? Das war einmal. Wer kennt heute noch Binsen in der Natur, nicht nur im modischen Bukett? Machen die Kinder noch Binsenkörbchen und füllen sie mit Erdbeeren für Großmutter, die auf dem Bänkchen sitzt?
Die grünen runden Stengel, versehen mit dem porösen Mark, das die Pflanze durchlüftet und für feuchte Standorte qualifiziert, mit den Blütenbüscheln am oberen Ende, steckten manchmal wie ein Gamsbart am Hut. Rispenartig, »spirrig« ist der Blütenstand, unscheinbar, braungrün, weißlich oder auch rötlich die einzelne Blüte. Der Wind bestäubt sie, nicht ein Insekt, weder Nektarien noch Blütenblätter locken mit Düften und Farben. Schwierig, die vielen Arten zu unterscheiden ohne auffallende Merkmale. Pfriemförmige Blätter und spreitenlose Niederblätter geben minimale Hilfen. Binsen wachsen in dichten Beständen oder Horsten. Die Blütchen haben die Blütenformel der Liliengewächse, auch wenn man es ihnen nicht ansieht. Eine merkwürdige botanische Verwandtschaft von Gewächsen aus den Tiefen der Erdgeschichte, die als frühe Samenpflanzen zwischen Kreidezeit und Jura ihre gemeinsamen Vorfahren haben. Sie wuchsen nachweislich in unseren nördlichen Gebieten, als die prächtigeren Vertreter der Liliidae in weit entfernten Ländern blühten. Kein neolithischer Pfahlbauer hatte am Bodensee einen Garten mit Lilien. Die Binse aber war ihm von Nutzen.
In karolingischer Zeit hatte sie einen althochdeutschen Namen. Die ersten Dokumente nennen das Gewächs pinuz oder pinez. Im späten Mittelalter heißt sie binz, doch schreibt Hans Sachs noch immer das harte p: »ein kranz

von pinzlein«. Lateinisch juncus, abgeleitet von jungere, binden, verbinden. Nun wollten die Sprachforscher seit dem 16. Jahrhundert auch dem deutschen Namen einen Sinn unterlegen und das Wort Binse verknüpfen mit den Wörtchen binden, verbinden, jedoch werden bei Grimm diese Versuche nicht gutgeheißen.
Nichtsdestoweniger ist die Pflanze zum Binden, zum Flechten, zum Knüpfen geeignet. Matten, Körbe und Fischreusen werden aus den Stengeln geflochten, auch Ornamente, Ziergeflechte. Von den Kjökkenmöddingern, die den frühsteinzeitlichen Küchenmüll in den Brandenburger Sandablagerungen und anderswo im Norden hinterlassen haben, kennt man erste »Töpferwaren«. Da wurden Scherben gefunden, verziert mit eingedrückten Binsenmustern, sogenannte Binsenkeramik.
Als noch Tranlampen Licht spendeten, dienten die markigen Stengel als Dochte. Bei abnehmendem Mond sollen sie hohl gewesen sein, was sie zum Anbinden von Hopfen jedenfalls untauglich machte. Vor der Verwendung als Zahnstocher wurde gewarnt, der Teufel konnte in einen fahren oder mindestens in den Zahn. Gott aber stach mit der spitzen Binse der Blindschleiche die Augen aus.
Ist das ein Binsensegen, wenn sie Licht spendet und die Blindschleiche blendet? Den Segen des Priesters bekamen Paare, die »in sträflichem Umgang zusammen gelebt hatten« bei der Trauung, indem der Geistliche ihnen Ringe aus Binsen ansteckte: in ewiger Treue mit Schande verbunden.

BRÜDERCHEN UND SCHWESTERCHEN waren schon lange im Wald verirrt und durstig. Da trank Brüderchen aus dem Brünnlein von dem Wasser, das die böse Stiefmutter verwünscht hatte. Nun lag es da als Rehkälbchen. Schwesterchen legte ihm sein goldenes Strumpfband um den Hals, flocht ein weiches Seil aus Binsen und machte es daran fest. Damit führte sie das Reh, immer weiter in den tiefen Wald hinein, wo sie ein kleines Haus fanden. Eines Tages hören sie das Jagdhorn, das Reh kann den Tönen nicht widerstehen, Schwesterchen läßt es hinauslaufen. Als der König ins Waldhäuschen kommt, und sie zu seiner Frau machen will, führt sie das Reh am Binsenseil mit ins Schloß. Nach der Hochzeit leben alle fröhlich im Schloß, bis die hexenhafte Stiefmutter kommt und im heißen Bad die Königin ums Leben bringt. Was macht mein Kind, was macht mein Reh, fragt geisterhaft die junge Mutter an der Wiege ihres Kindes, streichelt auch das Rehlein in der Zimmerecke. Erst am Ende, als der König sie erkennt, erwacht sie und lebt, und nachdem die Hexe verbrannt ist, bekommt das Reh seine Menschengestalt zurück.

In der Geschichte DIE UNGLEICHEN KINDER EVAS sind Binsen die Streu auf dem gescheuerten Boden. Ein Engel hat einen Besuch Gottes angesagt. Da tut Eva ein übriges, putzt das Haus, holt Blumen, badet die Kinder, aber nur die schönen, die häßlichen versteckt sie. Gottwohlgefällig, eine ordentliche Familie auf reinlichen Binsen. Der Herr segnet sechs schöne Kinder und sagt, was aus ihnen Großes werden soll. Auch die sechs Häßlichen läßt er herbeiholen, deren Berufe nicht so hochgestellt werden. Dann erklärt er Eva, wie auch die einfachsten Bauern, Handwerker und Knechte gebraucht werden. Auf die schlichte Binsenstreu zeigt er dabei nicht.

Aus Binsen und Rohr geflochten ist das kleine Haus im Märchen vom GLÄSERNEN SARG. Der arme Schneider kam, wie es gleich zu Anfang heißt, dort an die rechte Schmiede. Er sah das Licht von einer hohen Eiche aus und ließ sich davon in das Häuschen leiten. Dort verbrachte er eine

Nacht bei einem eisgrauen alten Mann und erwachte mit einem unerwarteten Mut für den Weg in ein märchenhaft glücklich endendes Geschick.

Das Schilfrohr · Phragmites communis

»Und da sie ihn nicht länger verbergen konnte, machte sie ein Kästlein von Rohr und verklebte es mit Erdharz und Pech und legte das Kind darein und legte ihn ins Schilf am Ufer des Wassers.« In Schilf und Rohr findet alsbald die Tochter des Pharao das Kind, Moses. So steht es in der Bibel geschrieben.

Retten, bergen, verbindet sich mit den Gewächsen im Wasser, am Wasser, nicht nur vor Verfolgung. Der Prophet Jesaja verheißt den Kindern Israel nach Not und Leid: »Und wo es zuvor trocken gewesen ist, sollen Teiche stehen; und wo es dürr gewesen ist, sollen Brunnquellen sein. Da zuvor Schlangen gelegen haben, soll Gras und Rohr und Schilf stehen.«

Castor und Pollux, die Dioskuren, erscheinen ursprünglich in der griechischen Mythologie als zwei Schlangen, bevor sie in Menschengestalt zum Inbegriff der Freundschaft werden. Das Zwillingspaar, das plötzlich auftaucht und aus Nöten hilft. Man sieht sie mit Kränzen aus Schilf dargestellt, ein Sinnbild für die Zeit nach dem Tod, in der die unerlösten Seelen auf den Gewässern der Unterwelt fahren. Hin und her, täglich vom Hades zum Olymp wechselnd, mußten die Zwillinge zwischen Tod und Unsterblichkeit verharren. Dann tauchten sie auf am Sternhimmel, jeden Abend, als die beiden unzertrennlichen Göttersöhne, seit sie im Altertum dorthin versetzt oder auch dort entdeckt wurden. Auch wir können sie sehen.

Schilfrohr ist zweierlei, das Sichere und das Schwankende, das Himmlische und das Irdische. Einen solchen Seelenzustand verwandelt Goethe im »Gesang der Geister über den Wassern« in Poesie. Sein Freund Schiller schreibt über die Frauenseele: »die zarte Fiber des Weibes wiegt sich wie ein dünnes Schilfrohr unter dem leisesten Hauch des Affekts«.

Aus dem Schilfrohr wurde Musik. Um die darin verzauberte Nymphe Syrinx zu besitzen, machte Pan seine Flöte aus Rohr. Deren »Nachkommen«, die Schalmeien, die Hirtenflöten und die Lockpfeifen, erschallen allerdings wenig im deutschen Märchenwald. Märchen wurden auch nicht Wort für Wort mit calamus, dem Schreibrohr verewigt, sie gingen von Mund zu Mund. Welch ein Wunder, daß aus calamus, wie man hört, trotzdem unsere Schalmei geworden ist. Das sind die allerältesten Instrumente. Der menschliche Atem läßt sie leben und tönen, bis schließlich das größte Pfeifeninstrument, die Orgel, den Blasebalg braucht. Die musizierenden Engel der Christenheit aber zeigen sich auf den Bildern der alten Meister als Flöten- und Orgelspieler, und die Harmonien des Himmels erklingen aus den Flöten der Mystiker, deren Seelen sich ins Paradies heimsehnen.

Die Mystikerin Hildegard von Bingen, Musikerin und Naturgelehrte, hat es einzigartig verstanden, Realität mit geistlicher Hingabe zu verbinden, so findet man den Rohrkolben bei ihr mit dem altdeutschen Namen »tuilcholbo«, als »dudelkolbe« benannt. Das klingt irdisch.

Schauen wir uns auf der Erde nach dem Gewächs um. »Schilfrohr« ist ein Kollektiv von verschiedenen Gräsern aus der Klasse der Liliengewächse. Eine der botanischen Feinheiten, diese unerwartete Erhöhung von Gras durch entfernte Verwandtschaft mit der Lilie. Die Papyrusstaude, das Calamusrohr, das Klarinettenrohr, und nicht zuletzt Saccharum, das Zuckerrohr, sind, wie auch die Bambusarten, Exoten. Dazu unser einheimisches Schilfrohr, Phragmites communis, und der bei uns wachsende Rohrkolben, Typha latifolia. Sie sind mit einer Menge von regionalen Volksnamen bekannt, unüberhörbar ihre Herkunft: Seeröhrli, Moorkolben, Fähnli, Federsacher, Schwertele, Moosrohr, Bachköben, Teichkülben, Klopp-kül, Weiherschlegel, Wammesknüppe, Peutscha, Duderkeule, Bullenpäsel, Lampenputzer, Piepenpapen und so fort.

Ja, manchmal qualmte es auch aus einem primitiveren Pfeifchen, dann heißt das Schilfrohr auch Piepdak, und ein altes Sprichwort meint: »Wer im Rohr sitzt, hat gut Pfeifen schneiden.«

Wenn es aber im Röhricht flüstert, säuselt, lispelt und knistert, sagt Schiller: »Seufzend flüstert im Winde das Rohr.« Wenn es sich biegt und schwankt, wird es zum Symbol des Wankelmuts und der Schwäche.

Im Märchen DIE NIXE IM TEICH verspricht der verarmte Müller der Nixe etwas Junges aus seinem Haus, denkt an ein Kätzchen oder einen jungen Hund. Seine Frau hat aber gerade einen kleinen Sohn geboren. Der wächst heran, ohne daß die Nixe sich meldet. Reichtum und Glück kehren in die Mühle ein, aber der Vater warnt: Hüte dich vor Wasser. Eines Tages, als der Knabe bereits ein Jäger und mit einer schönen Frau glücklich ist, zieht es ihn hinein. Die Frau sucht ihn überall. Dreimal darf sie ihn sehen. Einmal soll sie dabei am Ufer auf einer goldenen Flöte spielen. Ihr Lied zieht den Geliebten an, er taucht auf, zeigt sich, breitet die Arme aus und versinkt wieder. Eine Welle hat die Flöte fortgenommen. Jahre später weiden in einem Tal die Herden der beiden nebeneinander, doch Mann und Frau erkennen sich nicht. Endlich erklingt das Flötenspiel, er spielt das Lied seiner Frau. Im Schein des Vollmonds küssen sie sich. Sie sind es, ohne Frage.

DIE BEIDEN WANDERER, ein Schuster und ein Schneider, sind zusammen auf Wanderschaft. Der Schuster spielt dem Schneider übel mit, sticht ihm die Augen aus für zwei Bissen Brot und läßt den Blinden unter einem Galgen liegen.

Doch die Augen können mit Tau, der von den Gehenkten tropft, geheilt werden, und der kleine Schneider setzt seinen Weg fort. Immer noch hungrig, verschont er doch die Tiere, ein Bienenvolk, einen Storch, dann die Ente im Schilf mit ihren Küken. In einer großen Stadt macht ihn der König zum Hofschneider. Am selben Hofe ist aber auch der Schuster. Der will ihn aus dem Weg haben, flüstert dem König, der Schneider könne Wunder vollbringen und eine alte, verlorene Krone wiederbeschaffen. Dabei hilft die Ente. Auch andere Wunder gelingen mit Hilfe der dankbaren Tiere. Der Schneider bekommt eine Prinzessin, der Schuster den Laufpaß und verliert sein Augenlicht.

Der Weg zum Glück beginnt für den Schneider im Märchen DER GLÄSERNE SARG bei dem eisgrauen Männlein in einem Häuschen aus Rohr und Binsen.

Der Diener im Märchen DIE WEISSE SCHLANGE konnte die Tiersprache verstehen. Der König ließ ihn hinausziehen in die Welt. Unterwegs verleitete ihn sein mitleidiges Herz, drei Fische aus dem Rohr zu erretten und wieder ins Wasser zu setzen. Sie brachten ihm später in einer Muschel den goldenen Ring aus dem Meer, den er als Freier um die Tochter eines anderen Königs unter Lebensgefahr beschaffen mußte. Nach weiteren Prüfungen erhielt er die Prinzessin zur Frau.

Die Flöte aus Rohr, die Tiere im Schilfrohr, das Häuschen aus Rohr und Binsen haben eine geheimnisvolle Magie. Menschenherzen finden einander, dem Hilfreichen wird geholfen.

Ein Superlativ, usitatissimum, ein großes Prädikat für eine Pflanze. Usitatus, das schlichte Wort »gebräuchlich«, gesteigert ins höchst Nützliche. »Am meisten und auf vielerlei Weise gebraucht«, lehrt der Lateinunterricht. Vertraute Gewächse, wenn sie auf unseren Feldern wachsen, nennen wir arvense, vom Acker, sativum, angebaut, ja sogar vulgaris, gewöhnlich, allbekannt, gemein, oder mit den spezifischen Eigenschaften ihrer Art. Super ist selten.
Zweierlei gibt uns der Flachs, der Lein: seine Bastfasern und seine ölhaltigen Samen. Im Altertum wurde nicht nur Öl aus ihm gepreßt, er war bereits für die Medizin ein wichtiges Heilmittel. Nimmt man Flachs und Lein beim Wort, kann man sie unterscheiden: Lein meint die ganze Pflanze, Flachs den Halm, aus dem das Garn gesponnen wird. Leinsamen und Flachsfaser. Der Same des Lein sorgt für Fortpflanzung und Vermehrung, wir haben sein Öl und seine Heilkräfte. Was aber den gekämmten Flachs, die zubereitete Faser betrifft, verspinnen wir sie zu Garn und machen daraus ein Gewebe, dann ist der gesponnene Flachs zu Leinen geworden.
Das indogermanische »plek«, das griechische plektos bedeutet zusammengezwirbelt, geflochten. Das althochdeutsche flahs und haru, das mittelhochdeutsche vlahs, har, hängen zusammen mit flechten, beugen, kämmen, weben und Haar. Hinzu kommt die Urverwandtschaft des indogermanischen lino, des griechischen linon und des lateinischen linum mit dem gotischen Namen lin, lein. Daraus die Namen aus all den Gebieten, in denen die Pflanze verbreitet ist. Pishtah, die Flachsfaser der Hebräer, ist auch das Leinen selbst, von dem in der Bibel an vielen Stellen zu lesen ist. So bei Moses in Gottes Anweisung zum jährlichen

Versöhnungsfest: »und soll den heiligen leinenen Rock anlegen und leinene Beinkleider an seinem Fleisch haben und sich mit einem leinenen Gürtel gürten und den leinenen Hut aufhaben.«
Die uralte Kulturpflanze, in Ägypten, dem mittleren und vorderen Orient, lieferte den Stoff, aus dem die erste »Wäsche«, die »zweite Haut« war. Kein Tierfell, keine grobe Wolle mehr direkt auf dem Körper. Es gab bei uns die feineren Hemden und Kleider, ehe die Seide aus China, die Baumwolle aus Westindien und später aus Amerika kamen.
Die blaue Blume! Durchsichtig und himmelblau blüht der Flachs, in der Farbe des Aethers, wie der kleine Bläuling, der Zephir, als könne die Blüte wie der Schmetterling davonfliegen im Wind. Isis, die Himmelsgöttin, hat einen Mantel aus Flachs mit langen Fransen umgelegt und hat daher den Beinamen linigera, die Flachsträgerin. Ihren Priestern waren nur flächserne Gewänder gestattet. Sie brachte das Geheimnis von der Faser, wie sie aus der Pflanze gelöst und versponnen wird, auf die Erde. Ihre Instruktionen für Flachsanbau und Aufbereitung sind zu sehen auf ägyptischen Wandmalereien: brechen, schwingen, hecheln, bürsten. Und immer noch halten die leinenen Hüllen die großen Toten Ägyptens, die Mumien, umschlossen.
Die seefahrenden Griechen Homers setzten Segel und Flaggen aus kräftig gefärbtem Leinen. Odysseus sieht, gestrandet bei den Phäaken zu Gast, im Wunderschloß die Mägde spinnen und weben. Zu Hause wartet Penelope und webt immerzu dasselbe Stück vom leinenen Totenhemd des Vaters.
In Rom ließ Cäsar das Forum über die heilige Straße bis zum Kapitol mit Leinwand überspannen, und Nero brü-

tete im Amphitheater unter coelinblauem Stoff mit goldenen Sternen, der die ganze Arena überdachte.
In Nordeuropa ist eine wilde Art der Pflanze aus prähistorischen Funden bekannt. Bei den Germanen war der Lein ein hochverehrtes Gewächs, mit dem man durchaus überirdische Beziehungen pflegte. Frigga, Schutzgöttin der Ehe, fuhr im Katzengespann, angeschirrt mit blühenden Flachsschnüren über Land. Sie sah zu, daß die Aussaat zur rechten Zeit geschah. Bei günstigem Wetter konnte am 17. März, dem Tag der germanischen Gertrud, begonnen werden, der Frau mit der Spindel, die in christlicher Zeit von der heiligen Gertrud abgelöst wurde. An Mariä Verkündigung säte man unter Protektion der heiligen Jungfrau. Bis zum 8. Juni, dem spätesten Termin, garantierten viele weibliche Heilige das Gedeihen der »Pflanze der Frau« in der Männerwelt. Hoch soll er wachsen, der lange Halm, das gibt die beste Leinwand. So wird mittags gesät, zur »hohen« Stunde. Von Weihnachten bis zu Fasnacht, wenn es noch Eiszapfen gibt, wurde an den Festtagen über die Länge der Faser orakelt: Langer Zapfen, langer Lein. Die Weiber suchen am Fasnachtsdienstag einen langen Tänzer aus, er stemmt sie in die Höhe und alle rufen »su lank muß der Flachs wärn«.
Sät der Bauer, nimmt er die Mütze ab und läßt im kühlen Wind die Haare wehen, damit der Flachs haarig fein wird. Auf dem Feld ißt er ein Ei, steckt die Schalen in den Sack zur Leinsaat, meint, ein besonders schönes weißes Tuch heraufbeschwören zu können. Die Bäuerin hat er dabei, und manchmal sät auch sie. Am gedeihlichsten für die Ernte ist jedenfalls die Saat durch eine Braut. Doch wichtiger ist, daß sie etwas Nacktes zeigen, die Frauen, sie heben den Unterrock und sind sans culotte. »Demonstratio podicis aut genitalium«. Schwäbisch: »Wenn der Flachs net

neunmal a Weiberfüdle sieht, na wird er au nix.« Tanzen, hüpfen, laufen, wälzen. Zauber auf Leinfeldern, als Adam grub…

…und Eva spann. Im Winter in der Spinnstube hatte man sie am liebsten auch im Evakostüm, und beim Spinnradwaschen gab es kaltes Wasser auf die nackte Haut, damit die Hemden, die sie weben wird, von reinstem Weiß sein werden. Im Mondschein darf man nicht spinnen, leicht wird das Tuch dann zum Leichentuch. Wenn am Sonnabend Flachs am Rocken hängenbleibt, kommen die Hexen in die Spinnstube, und die Spinnstubengeschichten handeln vom Gruseln. Sobald sie aber die schönen Lieder vom Liebsten und der Liebe singen, fallen den Mädchen Motive für Stickmuster ein: das Herz, eine Blume, das Einhorn und der Jägersmann.

Der Lein ist Sinnbild für weiblichen Fleiß. Der Reim auf weiß ist sinnfällig in aller Unschuld. Schillers »Frauenlob« stellt den »schneeichten Lein« vor, ein perfektes Bild in zwei Worten.

Im Märchen von FRAU HOLLE hat sich die fleißige Tochter am Brunnen die Finger blutig gesponnen. Die Spindel, rot von Blut, fällt beim Abwaschen ins Wasser. Die Stiefmutter befiehlt dem Mädchen, sie wieder heraufzuholen. Es springt in die Tiefe und ist nicht faul in Frau Holles Zauberreich. Schüttelt den Schnee aus den leinenen Kissen, hinauf auf die Erde, wo er vom Himmel fällt. Als Goldmarie kommt sie zurück. Die zweite, die faule Tochter wäre auch gerne mit Gold überschüttet, sticht sich in den Finger und wirft die Spindel absichtlich hinunter in den Brunnen, läßt bei Frau Holle die Hände im Schoß und kehrt als Pechmarie wieder.

DIE SCHLICKERLINGE sind ein Haufen verknoteter Flachs,

den ein nachlässiges Mädchen übrigläßt. Von der Dienstmagd werden sie fein gesponnen, zu einem hübschen Kleid gewebt. Bei der Hochzeit der Faulen trägt das Dienstmädchen das Kleid, ist hübsch und sieht frisch und froh aus, wie sie darin herumtanzt. Der Bräutigam erfährt von seiner Braut vom weggeworfenen Flachs, läßt sie stehen und nimmt die Magd zur Frau.

Prüfungen gibt es auch bei KÖNIG DROSSELBART. Siehst du, du taugst zu keiner Arbeit, sprach der verzauberte König, als die zarte, schöne Königstochter nicht spinnen konnte. Erst als sie ganz am Ende war und als Küchenmagd im Königsschloß diente, wurde sie die Frau des Königs.

Der lange Faden des Schicksals kommt aus den geschickten Händen der drei Nornen. Sie spinnen auch für unverdientes Glück und manchmal verwirren sie die Fäden mit Absicht.

DIE DREI SPINNERINNEN helfen dem faulen Mädchen, das für die Königin drei Kammern voll Flachs spinnen muß und damit erst gar nicht anfängt, und sollte doch belohnt werden mit dem ältesten Königssohn. In höchster Not nahen drei alte Weiber, jede auf ihre Art häßlich: eine plattfüßig, mit dicker Unterlippe die andere, und die dritte mit breiten Daumen. Sie spinnen gemeinsam, und im Nu sind sie fertig. Zum Dank wollen sie auf die Hochzeit eingeladen werden. Der Prinz ist glücklich, daß er eine so fleißige Frau bekommt. Beim Fest begrüßt die Braut die alten Jungfern als liebe Basen. Ach, sagt der Bräutigam, wie kommst du zu der garstigen Freundschaft? Und fragt jede einzeln, warum seht ihr so aus? Vom Treten, antwortet die erste, vom Lekken, die zweite und vom Faden drehen, die dritte. So soll mir nun und nimmer meine schöne Frau eine Spindel anrühren, sagt der erschrockene Königssohn.

DORNRÖSCHEN sieht im Schloßturm eine alte Frau Flachs

spinnen und will das unbekannte, lustig tanzende Ding auch probieren. Die Spindel sticht das Mädchen in den Finger, der hundertjährige Schlaf beginnt. Eine Dornenhecke wächst und schützt das Mädchen. Viele Freier wollen es erwecken, erringen, sie finden den Tod in den Dornen. Bis ein Prinz durch die Hecke kommt und die Schläferin erlöst.

DIE ZWÖLF JÄGER sollen als Jungfrauen entlarvt werden. Spinnräder werden aufgestellt, an denen keine Frau achtlos vorübergeht. Doch sie schauen nicht hin und bestehen die Probe.

Spindel, Spindel, geh du aus/ bring den Freier in mein Haus. Und: Schiffchen, Schiffchen webe fein/ führ den Freier mir herein, singt das Mädchen im Märchen SPINDEL, WEBERSCHIFFCHEN UND NADEL. Zum Schluß flog die Nadel im Zimmer wie der Blitz hin und her und hüllte alles in Samt und Seide. Der König gibt der Braut den Kuß, nimmt sie aufs Roß und bringt sie in sein Schloß.

Die Linse · Lens esculenta

Lens culinaris, das ist ihr Name im modernen Lehrbuch der Botanik, und das Früchtchen läßt sich in der internationalen Küche allerdings als Leckerbissen an. Ganz anders noch im 16. Jahrhundert, wenn Hieronymus Bock in seinem Kräuterbuch berichtet: »Linsen, das unverdawlich köchsel, ist ungefährlich das kleinst legumen.« Die kleinste Hülsenfrucht. Hieß dann vicia lens, die Linsenwicke, und lens war schon bei den alten Römern ihr Name, der sich im althochdeutschen linsi, später linsin, lins mit verschiedenem Geschlecht, zum Beispiel in Bayern der Lins, verwandelte. Klein, arm, minder und überhaupt nichts wert am

Gerichtstag. Sein Erstgeburtsrecht hat Esau für ein Linsengericht an seinen Zwillingsbruder Jakob verkauft, weil er einen schnellen Hunger und einen kurzen Verstand hatte und später nur noch sein rotes Fell am Leib und kein Erbe. Da wird die Linse zum Bild für eine Nichtigkeit, eine Kleinigkeit, und man sagt, einer schlägt dem Esau nach, wenn er das Kostbare für »eine Schüssel voll Linsen« hergibt, für zu geringen Preis verschenkt. Auch vertane Zeit ist kostbar, unnütze Arbeit verschwenderisch. »Wilt du bei guten leuten sitzen, für alle kurzweil linsen spitzen?« fragt Hans Sachs nach dem überflüssigen, kleinlichen Gewerkel.
Die Heimat der Linse war der Vordere Orient, im alten Israel war sie so alt wie der Feldbau. Eine Ackerfrucht für Mensch und Tier, mit Getreide zusammen auch in Brot und Brei gebacken und gekocht. »So nimm nun zu dir Weizen, Gerste, Bohnen, Linsen, Hirse und Spelt und tue alles in ein Faß und mache Brot daraus«, übersetzt Luther aus Hesekiel im Alten Testament.
Auch bei uns muß es schon Linsen gegeben haben. In den Pfahlbausiedlungen am Bodensee und in der Schweiz hat man sie aufgespürt. Doch den Galliern und Germanen haben sie die Römer aufs Neue mitgebracht. Legumina, das waren ihre Feldfrüchte, die »gelesen« wurden, legere, lesen! Leguminosen oder Fabales, Hülsenfrüchte oder Bohnengewächse heißen sie heute noch. Das ist die Ordnung.
Seit dem Mittelalter galten christliche Feiertagsbräuche auch für die Linse. Am Heiligen Abend und um Neujahr, am Gründonnerstag und Karfreitag sollte man sie essen, damit das Jahr über das Geld reichte. Bescheiden dachte man nicht an Reichtum, sondern an das tägliche Kleingeld, die kleine Münze. Davon aber ausreichend, das erwartete man von den vielen kleinen runden Früchten. Und weil sie

so zahllos waren, sah man die Pflanze als Fruchtbarkeitssymbol, indem die kleinen, diskusförmigen Samen viele Nachkommen versprachen.

Die Botaniker haben in ihrer »Kunstsprache« die Hülsenfrucht nach dem Fruchtblatt benannt, das in zwei Nähten aufspringt. Darin liegen die Samen, das ist bei der Linse ebenso wie bei Erbse und Bohne, deren grüne Hülse alle kennen, während die der Linse wenigen zu Gesicht kommt. Der grünen Bohne hat der Züchter die »Fäden« genommen, ein erfreulicher Fortschritt für die Küche. Die Früchte der Erbse heißen volkstümlich Schoten, doch oft wird die harte Schale des Samens als Hülse angesehen, in der verbreiteten Gewohnheit, Frucht und Samen für dasselbe zu halten und nicht zu unterscheiden, zum Tort der Freunde exakter Begriffe.

Die Hülsenfrucht ist Sinnbild der Leiblichkeit, der Hülle für die Seele, und wurde daher ein dem Tod geweihter Gegenstand, als Speise den Toten aufs Grab gelegt oder mitgegeben ins Grab. Zum Mahl nach dem Begräbnis essen die Juden Linsen und harte Eier, die von den Nachbarn geschickt werden müssen, weil die Hinterbliebenen nichts Eigenes essen dürfen.

Wenn ASCHENPUTTEL von der Stiefmutter eine Schüssel Linsen in die Asche geschüttet bekommt, sieht es nicht so aus, als könne das Mädchen die kleinen Körnchen in zwei Stunden wieder auslesen. Es ging aber zur Hintertür und rief in den Garten hinaus: ihr zahmen Täubchen, ihr Turteltäubchen, all ihr Vöglein unter dem Himmel, kommt und helft mir lesen, die guten ins Töpfchen, die schlechten ins Kröpfchen. Die Tauben flogen herbei und waren in einer einzigen Stunde schon fertig. Die Schüssel war voll Linsen, die Asche lag grau da. Aschenputtels Hoffnung aber, daß sie nun mitkommen dürfe zum Fest auf dem Königschloß, wurde noch einmal enttäuscht. Zwei Schüsseln Linsen schüttete die Stiefmutter in die Asche und dachte, das Mädchen schafft es niemals. Doch wieder halfen die Vögel. Es nutzte nichts. Stiefmutter und Stiefschwestern gingen ohne das arme graue Aschenputtel zum Tanz. Mutterseelenallein und verlacht lief das Mädchen zum Grab der Mutter. Bäumchen rüttel dich und schüttel dich, wirf Gold und Silber über mich, rief es unter dem Haselbaum, und der Vogel warf ein golden und silbern Kleid herunter und mit Silber und Seide ausgestickte Pantoffeln. Die Jungfrau war strahlend schön, wurde die einzige Tänzerin für den Königssohn und am Ende seine Braut.

Im Märchen vom RÄUBERBRÄUTIGAM nahm die Braut Erbsen und Linsen mit in den Wald, in dem sie ihren Bräutigam besuchen sollte, dem sie nicht wirklich traute. Er hatte mit Asche den Weg markiert, sie streute die Samen rechts und links vom Aschenweg, um sicher zurückzufinden. Kehr um, kehr um, du junge Braut, du bist in einem Mörderhaus! rief ein Vogel in seinem Bauer, als sie durch die Stuben ging in dem leeren Haus, das sie endlich im dunkelsten Wald gefunden hatte. Nach einer blutrünstigen Szene, die sie versteckt beobachtete, waren die Räuber betäubt von einem Schlaftrunk eingeschlafen und das Mädchen konnte entkommen. Die Asche war vom Wind verweht, aber Erbsen und Linsen hatten gekeimt, waren aufgegangen und zeigten im Mondschein den Weg. Später, bei der Hochzeit, erzählte sie, was sie erlebt hatte als einen Traum. Der Räuberbräutigam kam vor den Richter und die ganze Räuberbande wurde hingerichtet.

Das Gegenteil geschieht mit den Linsen im Märchen vom WALDHAUS. Die Spuren der ausgestreuten Früchte sind ver-

schwunden. Die drei Töchter des Holzhauers geraten eine nach der anderen dorthin, weil sie den Heimweg aus dem Wald nicht finden. Am ersten Tag hat der Vater Hirse gestreut, am zweiten die größeren Linsen und am dritten die großen Erbsen, aber jeden Tag haben die Vögel die Körner gefressen. In dem verwunschenen Haus versenkt der weißbärtige Alte die Älteste und die Zweite schlafend in den Keller. Sie haben nicht für seine merkwürdigen Tiere, nur für sich selbst gesorgt. Duks, sagen schön Hühnchen, schön Hähnchen und die schöne bunte Kuh. Die Jüngste aber ist freundlich zu den Tieren und sorgt für alle. Damit entzaubert sie das Waldhaus, es wird zum Königsschloß. Der Prinz, von einer Hexe in den alten Mann verwünscht, erwacht neben dem Mädchen. Die Tiere sind Diener, sie fahren zu Vater und Mutter, um sie zur Hochzeit zu holen. Die beiden Schwestern aber müssen sich bei einem Köhler als Mägde bessern.
Körner als Wegmarkung können keimen oder gefressen werden. Der Wunsch, den richtigen Weg zu finden, scheint in der Natur nicht unbedingt gut aufgehoben. Schließlich werden das reine Herz oder die Nächstenliebe märchenhaft belohnt.

Die Erbse · Pisum sativum

Eine lustige Schmetterlingsblütlerin, deren Name aus dem Griechischen erebinthos, die Kicher stammt, zum Kichern, zum Lachen. Linse und Bohne sind ihre nächsten Verwandten, sie alle stellen die Familie der Papilionaceae mit ihren geflügelten Blüten zur Schau. Hummeln und Bienen setzen sich auf das Schiffchen, die beiden unteren, zusammengewachsenen Blütenblätter, und bringen damit einen

Apparat in Bewegung, der ihnen Nektar spendet und Pollen anhängt, mit dem sie andere Blüten bestäuben, befruchten. Lehrer pflegten den Mechanismus mit einer Bleistiftspitze zu demonstrieren.

Wir kennen die Kichererbse, manchmal steht das Gemüse auf dem Speisezettel. Steigt man in die Erbsenkunde ein, hat man nichts zu lachen. Zuerst also sagten die Griechen zur Kicher erebinthos, die Erbse hieß bei ihnen pisos. Man versteht, daß die Römer unsere Kicher cicer nannten, und daß sowohl Griechen als auch Römer für die Erbse denselben Wortstamm haben und zweitens pisos und pisum sagen, vielleicht weil ptissein bei den einen und pinsere bei den anderen stampfen und enthülsen bedeutet. Die Botaniker nannten die Gattung pisum, doch die Kichererbsen bekommen in der Wissenschaft den Namen lathyrus und werden abgezweigt und zu den mannigfaltigen Platterbsen gezählt. Das althochdeutsche cisa wurde zu cisererbisz, zisererbs, Zieser und Kicher. Die kugelrunden Samen nennen sie am Mittelrhein Keker und brachten mit ihnen in Köln die fleißigen Heinzelmännchen auf Nimmerwiedersehen zu Fall. In unseren alten Kräuterbüchern steht das ursprüngliche wort erweisz, erbeisz, erbisz und endlich erbs. Von diesem Früchtchen weiß man, daß man leicht darauf ausrutschte, bevor die Bananenschale zu uns kam.

»Erbsen streuen« hieß es, da stellte einer hinterhältige, hartnäckige Fragen ins Gespräch, bis ein anderer sein seelisches Gleichgewicht, manchmal seine Ehre, verlor. Die Schulkinder aber hatten eine Erbsensprache erfunden oder gelernt, in der man leicht straucheln und viel kichern kann. Wenn man damit das Wort Erbsen buchstabiert, geht das so: »Erbsen, rerbsen, berbsen, serbsen, erbsen, nerbsen.«

Es gibt viele Arten und noch viel mehr Sorten von Erbsen. Im Hamburger Bahnhof in Berlin, dem neuen »Museum für Gegenwart«, stehen in Anselm Kiefers eisernen Regalen seine Riesenbücher aus Blei, in denen 60 Millionen Erbsen, alle von einer Art, zwischen die Seiten eingeschlossen sind. Und jede Erbse ist ein anonymer, im Jahr 1988 volksgezählter Bundesbürger. Vom Menschenzählen aufs Erbsenzählen, kleine Samen, große Zahlen. Homo avarus, der Erbsenzähler war der Geizhals und haushälterische Vater, der seinen Leuten die Erbsen in den Topf zählte.
In der Mythologie der Germanen regierte Donar, wenn er seinen Hammer schleuderte und seine Hagelkörner wie Erbsen aus den Wolken prasseln ließ. Ihm wurde die Erbse geweiht, als ein Zeichen der Fruchtbarkeit. Später, als die berückenden Frauen mit den langen Haaren in den Erbsenfeldern hausten, auf Männer lauerten und sie verrückt machten, aßen Zwerge und Elben Erbsen und Bohnen. Die Menschen vergruben mit Erbsen gefüllte Totenschädel und hofften, wenn die Keimlinge aus der Erde kamen, Hexen zu erkennen oder selbst unsichtbar zu werden. Am Donnerstag gab es Erbsengerichte. Aß man sie in der Karwoche, brachten sie den Tod.

DAS BLAUE LICHT heißt die Geschichte, in der ein armer alter Soldat eben jenes für die Waldhexe aus ihrem Brunnen holen soll. Sie läßt ihn aber nicht wieder auf den Erdboden zurück. Im Brunnen zündet er seine Pfeife an dem blauen Licht an, ein klein schwarz Männlein erscheint und sagt: Ich muß dir in allem dienen. Das gefällt dem Soldaten: Hilf mir heraus, schlag mir die alte Hexe tot. Das Männlein tut's, verschafft dem Soldaten goldene Schätze und verspricht stets Hilfe, sobald er die Pfeife an dem blauen Licht anstecke. Der Soldat, wieder in der Stadt, wo er dem König

gedient hatte, verlangt von dem schwarzen Männchen die Königstochter als Aufwärterin für die Nacht und bekommt sie in sein Zimmer. Sie kehrt die Stube, putzt Stiefel wie in einem Traum, den sie am Morgen ihrem Vater, dem König erzählt. Steck deine Taschen voll Erbsen und mach ein Loch hinein, sagt dieser, der Traum könnte wahr sein, dann fallen sie heraus und lassen eine Spur auf der Straße. Das hört das Männchen, und bevor es am nächsten Abend die Königstochter wieder abholt, streut es die ganze Stadt voll mit Erbsen, so daß es keine Spur gab. Allerdings konnte es nicht verhindern, daß der König den Soldaten doch noch erwischte. Aber als der im Gefängnis, bevor er an den Galgen sollte, eine letzte Pfeife am blauen Licht anzündete, kam das Männlein zu Hilfe. So wurde die Königstochter die Frau des Soldaten und das ganze Reich war sein.

Nicht der Natur wird es hier überlassen, Spuren zu beseitigen, ein gewitzter Kopf sorgt dafür, daß sie verschwinden, zum Glück seines Schützlings. Man muß nicht an Geister glauben, um diesen Trick des Männchens zu verstehen. Das einzig Rätselhafte an dem Märchen ist, warum der Soldat alt und unbrauchbar sein soll und nicht jung, für die Königstochter!

In dem Märchen vom WALDHAUS hatten die Vögel die Erbsenspur aufgepickt.

DIE ERBSENPROBE, 1843 bei Grimm, 1856 wieder herausgenommen, ist Andersens Märchen von der »Prinzessin auf der Erbse«. Sie konnte nicht schlafen im Bett, das für sie zurechtgemacht wurde. Viele Bewerberinnen waren vor ihr dagewesen, um mit dem jungen Königssohn vermählt zu werden, aber keine war eine wirkliche Prinzessin. Die ebenbürtige Braut, eine Jungfrau mit größtem Zartgefühl wird gesucht. Dem makellosen Ansehen allein ist nicht zu trauen. Zuletzt kam das wunderschöne Mädchen in verschossenen Kleidern, zerzaust auf dem weiten Weg bei schlechtem Wetter, und sagte, es sei die Tochter eines mächtigen Königs. Das wollte ihr niemand glauben. Aber die Königin hieß sie bleiben und stellte sie auf die Probe. Sie ließ in der Turmkammer ein Bett herrichten, drei Erbsen auf der Matratze verteilt, darauf sechs weiche Matratzen, Linnentücher und eine Eiderdaunendecke darüber. Am Morgen fragte die Königin, wie die Nacht gewesen sei, und hörte, daß das Mädchen kein Auge zugetan, weil es so hart vom Kopf bis zu den Füßen gelegen habe, als läge es auf lauter Erbsen. Da war die wahre Prinzessin erkannt. Geschmückt mit königlichen Festkleidern, sollte noch am selben Tag die Hochzeit gefeiert werden.

Empfindlichkeit, sie ist das Gütesiegel, nach dem harten Erbsentest.

Dem König im Märchen von den ZWÖLF JÄGERN wird vom klugen Löwen gesagt, seine Jäger seien in Wirklichkeit zwölf Mädchen. Er solle nur die Probe machen und im Vorzimmer Erbsen streuen, Mädchen trippelten und trappelten so, daß die Erbsen wegrollten. Die Jungfrauen in Jägerkleidern erfuhren davon, traten fest und sicher über die Erbsen, und der König warf dem Löwen vor, er habe ihn belogen. Er ließ sich aber eine zweite Probe anraten, in der Spinnräder aufgestellt wurden, weil denen keine Frau widerstehen könne. Die Mädchen sahen kein Spinnrad an, da hatte der König die zwölf Jäger je länger je lieber. Am Ende entdeckte er, daß seine echte Braut sich und elf Jungfrauen in Jägerkleidern versteckt hatte, um ihn wiederzufinden. Die Hochzeit wurde gefeiert und der Löwe kam in Gnade zurück.

Die Bohne · Phaseolus vulgaris, Vicia faba

Nicht die Bohne!
»Da die einzelne bohne etwas werthloses ist, so verstärkt das Wort, gleich ähnlichen, die verneinung« ist in Grimms Wörterbuch zu lesen.
Nein, meine Suppe eß' ich nicht!
Das war einmal anders. Vicia faba, die uralte Feldfrucht der Indogermanen, die Ackerbohne, ernährte schon den Menschen der Bronzezeit. Eine merkwürdige Wicke, magisch, nahrhaft und trotzdem verschrien. Der schwarze Fleck in der Blüte, die schwarzen Zeichen in ihren Flügeln machte sie zum Vorboten des Todes, ja zum Sitz der Seele eines Verstorbenen. Eine ernstzunehmende Schmetterlingsblüte, auch eine Hülsenfrucht, wie Linse und Erbse, die mit den dickesten Samen.
Mit schwarzen und weißen Bohnenkernen wählten die Athener ihren Magistrat. Wer eine weiße Bohne zog, konnte mitregieren. Eine Tradition aus der Ahnung, am Urteil seien die Ahnen beteiligt, die vorübergehend in Bohnen wohnen.
Keine Bohne! Der Grieche Pythagoras untersagte seinen Schülern den Genuß dieses Nahrungsmittels. Da er selbst nichts aufgeschrieben hat und seine Lehren nur von Mund zu Mund gingen, wie unsere Märchen, wissen wir nicht, ob die Seelenwanderungen der Toten ihn zu dieser Enthaltsamkeitsregel bestimmten. Oder wußte er nicht nur viel, sondern etwas? Er soll in einem Zauberkunststück den Saft der Bohne in Blut verwandelt haben. Sein eigener Tod vor einem Bohnenbeet, durch das er nicht fliehen und lieber sterben wollte, als sich durch die verdächtigen Pflanzen zu retten, ist ebenso geheimnisvoll wie die Tatsache, daß keiner seiner Zeitgenossen die Gründe seines Verbots

preisgab. Sicher war das Gemüse für ihn nicht nur eine ungesunde Speise, von der die Sinne abgestumpft werden und nach der man unruhig schläft.

Auch die Ägypter waren den Bohnen abhold. Ihre Priester durften sie nicht einmal anschauen, die Beziehung der Pflanze zum Tod erlaubte keinen Blick auf das unreine, erregende Gewächs.

Die Römer legten Bohnen als Totenspeise auf die Gräber, damit die Verstorbenen in Frieden ruhen konnten. Sie beschworen und versöhnten die Laren, ihre Familiengötter und Ackergottheiten, mit einem Opfer von sieben schwarzen Bohnen aus dem Mund der Frau, die die Zeremonie vollzog. Die zahlreichen Samen in einer Bohnenschale waren Sinnbild der Fruchtbarkeit. Die römischen Frauen aßen die Kerne beim Fest der Matronalia, um Kinder zu bekommen. Während der Saturnalien, wenn Saturn am 17. Dezember gefeiert wurde, was später zu einer siebentägigen Schmaus- und Willkürorgie ausartete, wurde die Welt auf den Kopf gestellt: Die Herren bedienten die Sklaven, von denen durch das Bohnenlos einer der schönsten zum Bohnenkönig bestimmt war, Saturns Stellvertreter, der sich alles erlauben und dreist regieren durfte. Der Ritus steckt noch in unserem Dreikönigskuchen: eine Bohne, die den zum König macht, der sie in seinem Stück findet.

Germanische Bohnenessen gab es bei Trauerfeiern, nicht aber in den heiligen zwölf Nächten der Wintersonnwende. In christlicher Zeit dann die Bohnensuppe am Karfreitag, am 2. November als Allerseelenspeise. Die widersprüchlichen Meinungen, die Bohne sei ein erotisches Symbol und Aphrodisiakum, die Frauen dagegen würden durch ihren Genuß unfruchtbar, waren verbreitet, und beide hatten gläubige Anhänger. Die Männer feierten, allerdings nicht ohne Weiber, hingerissen von den aphrodisischen Wirkun-

gen der Bohnenblütendüfte, tolle Bohnenfeste, sangen ausschweifende und deftige Lieder. »Das geht übers Bohnenlied!« sagen wir, wenn's zuviel wird.
Im Bohnenmonat Juni duftet es betäubend. Die Magie des schnellen Wachstums, das frühe Reifen des Samens, der wie ein Embryo in der Hülse liegt und glauben machte, daß in ihm die Vorfahren wiederkehrten, bedeutete Fruchtbarkeit samt Wohlstand. Also trug noch im selben Monat die Landbevölkerung die »Bringbohne« feierlich vom Acker ins Haus als Unterpfand für die glückliche Ernte aller Feldfrüchte. Die Bauern feierten ihr ländliches Fest in Zuversicht. Erst danach begann die wirkliche Arbeit auf den Äckern.
Anthropomorph, menschenartig sah man die Bohne. Der Spruch: »Es ist gleich Bohnen zu essen und die Häupter der Eltern zu essen«, bezieht sich zwar auf die vermeintliche Ähnlichkeit mit einem Kopf, ist aber gleichwohl Warnung vor einer Greuelsünde.
Tod oder Leben: Gerichte haben Freispruch oder Verurteilung mit der weißen oder schwarzen Bohne entschieden. Blaue Bohnen! sie fliegen aus den Flinten, und wenn es blaue Bohnen hagelt, trifft es viele Soldaten.
STROHHALM, KOHLE UND BOHNE entkamen gemeinsam aus der Hütte einer armen alten Frau, die den Herd anfeuerte, um sich eine Bohnensuppe zu kochen. Die Kohle war dem Feuer entsprungen, die Bohne auf den Boden gefallen, der Strohhalm den Fingern der Frau entwischt und auch am Leben geblieben. Zu dritt wollten sie in ein fremdes Land. An einem Bach ereilte sie ihr Schicksal. Die Kohle blieb zu lange auf dem Strohhalm, der sich als Brücke anbot. Er fing Feuer, zerbrach und fiel ins Wasser, die Kohle hinterher und erlosch. Die Bohne, noch am Ufer, lachte so gewaltig darüber, daß sie zerplatzte. Ein Schneider, der sich

am Bach ausruhte, nähte sie gutherzig wieder zusammen. Nun hatte sie eine Naht aus schwarzem Zwirn, die seitdem alle Bohnen haben.

Eine Bohne »lacht sich kaputt« und bekommt dafür ein erbliches Zeichen. Es ist die Naht, an der die Samenschale »platzt«, wenn die Bohne keimt. Die Wurzel drängt heraus. Die beiden Keimblätter folgen, dann wächst die Bohnenranke, ein weltweit verbreitetes und berühmtes Märchenmotiv.

Zauberbohne und Menschenfresser aus dem Märchen JACK UND DIE BOHNENRANKE finden sich in DER OKERLO, einem ausgeschiedenen Text aus der ersten und zweiten Auflage der Grimm'schen Märchen, der später wieder aufgenommen wurde.

Auf seiner Insel lebt DER OKERLO. Eines Tages landet ein Königskind in einer goldenen Wiege am Ufer, das Okerlos Frau aufziehen und mit ihrem Sohn verheiraten will. Ihr Mann darf das Mädchen aber nicht sehen, damit er es nicht frißt. Als das Kind eine Jungfrau geworden ist, gefällt ihr jedoch der junge Okerlo nicht. Da kommt ein schöner Prinz angeschwommen, und sie gefallen sich beide. Die alte Menschenfresserin will ihn bei der Hochzeit ihres Sohnes braten. Die Königskinder können aber entkommen, angetan mit einem Meilenstiefel, versorgt mit einer Wünschelrute und einem Kuchen mit Bohne, die auf alles Antwort gibt. Bohne bist du auch da? fragen sie dreimal wieder, und erfahren, was ihnen von den Menschenfressern droht. Jedesmal können sie sich mit dem Zauberstab verwandeln und retten. Das letzte Mal werden sie zu Rosenstock und Biene; den Zauberstab hatte das Mädchen aus Angst weit weggeworfen, so daß sie Rose und Biene bleiben. Sie sind aber schon im Garten der Königin, der Mutter des Mädchens, die ihr Kind in der goldenen Wiege ausgesetzt hatte.

Die Königin erkennt und entzaubert die beiden, und bald darauf gibt es eine prächtige Hochzeit mit vielen Gästen, die tanzen bis zum hellen Tag. Bist du auch auf der Hochzeit gewesen? Jawohl ... mein Kleid war von Spinnweb, da kam ich durch Dornen, die rissen es mir ab ...

Das Märchen DER MEISTERDIEB handelt vom Sohn eines Bauern, der ein Muttermal auf der Schulter hatte, das wie eine Bohne aussah. Es war ein ungeratener Sohn, klug und verschlagen, wollte nichts lernen und lief in die Welt hinaus. Eines Tages kam er als reicher Herr vierspännig vor das ärmliche Haus seiner Eltern gefahren. Er hatte sich bereichert am Überfluß und sagte seinem Vater, dieser habe versäumt, seinen Sohn, als er jung war, zu erziehen. Dann gab er sich an seinem Bohnenmal zu erkennen. Erschreckt euch nicht, ich bin ein Meisterdieb, antwortete er seinem Vater auf die Frage, wie er ein so großer Herr geworden sei. Die Mutter weinte, der Vater sah ihn am Galgen enden. Doch der Sohn war und blieb ein listenreicher Gauner und Erzdieb, der schließlich davonging, und niemand hat je wieder etwas von ihm gehört.

Der Kohl · Brassica oleracea
Der Rübenkohl · Brassica rapa

»und ist wol zu verwundern, dasz ausz einem so kleinen körnlein und in so kurtzer zeit, so eine grosze rübe wachsen sol«, liest man bei Tabernaemontanus 1664.

Nicht von Anfang an war die Rübe groß. Eigentlich war sie krautig und hatte Schoten, darin kleine Körner. In vorgeschichtlichen Siedlungen und bei den Pfahlbauern der Bronzezeit fand man Rübsamen. Bei den Germanen wuchs das wilde Kraut bereits auf Äckern, bevor die Römer kamen. Die brachten mit ihrer Gartenkunst *das* römische Gemüse, caulis oder colis, Stengel, Strunk, Kohl, den Cato über alles lobt. Sechshundert Jahre sei es die einzige Medizin gewesen, mit der alle Krankheiten geheilt wurden, während der ganzen Zeit brauchte man keine Ärzte.

Caulis und colis, kabisz, Kappes, Kraut und Kohl, vom Gärtner aus Rom. Die Sache gedieh: Brassica oleracea, eine Crucifere, Kreuzträger, wenn man es wörtlich nimmt. Aber deren Namen gaben ja die vier Blütenblätter: Kreuzblütler. Die ganze Gattung ist für Neukombinationen von vererblichen Kleinmerkmalen sehr begabt, sie läßt sich auch vortrefflich kreuzen. Mutationen und Züchtungen haben aus Brassica oleracea allerlei Gemüse gemacht: Vom Wildkohl zum Blattkohl, zu Kohlrabi, Rosenkohl, Sprossenkohl, Grünkohl, Wirsing, und Blumenkohl. Die weißen und roten Kohlköpfe oder Krautköpfe, je nachdem, in welcher Gegend sie gegessen werden: Blaukraut, Rotkohl und umgekehrt.

Im späten Mittelalter hatte man begonnen, aus den sehr winzigen Samen der Pflanze Brassica napus, dem Rapskohl, Öl zu pressen, mit dem auch Lampen brannten. Die Blätter fraß das Vieh. Doch waren im Laufe der Zeit unbekannte fleischige Wurzeln aufgefallen. Auch dies Gewächs konnte man vermehren. Nun war Brassica dreifach nutzbar, die Samen, die Blätter und die Wurzeln.

Brassica rapa, die Wurzel, die Rübe. Das Wort beschäftigt die Sprachforscher. Vom lateinischen rapa zum althochdeutschen ruoba führt kein gerader Weg. Daneben ist hriobo, rauh zu erwägen, das zum Rauhschwanz Rübezahl verleitet. Urverwandt, aber nicht direkt aus rapa entlehnt sei unser Name: Rübe, Brassica rapa seit Linné. Da hört man auch den Raps. Die Variation Brassica silvestris bleibt

Ölpflanze, campestris ist heute das Wildkraut am Ackerrain. Doch im 16. Jahrhundert sagte man in Frankfurt noch reuben, ruben. In Mundarten hört man Rab, Räbe, Rueb und mehr. In Marzells Wörterbuch der Deutschen Pflanzennamen stehen etwa 1000 Namen für Kohl und Rübe. Es gibt alte und neue Sorten ohne Zahl, von der Tellerrübe, der Knulle, der Guckelrübe, dem Zapfen-Räben, dem Batzl, immer weiter bis zur berühmten Teltower Rübe mit ihrer heutigen Renaissance. Das Glück, wie die Runkelrübe zur Zuckerrübe wird, und nicht nur als Melasse und Sirup, sondern »raffiniert« als weißer Zucker, dem Rohrzucker gleich, Speisen und Getränke versüßt, verdanken wir der Industrie.

»Kraut und Rüben/ haben mich vertrieben,/ hätt' mein Mutter Fleisch gekocht,/ so wär ich bei ihr blieben.« Es sind keine Delikatessen gewesen. Das ist heute anders.

1670 spricht Sachs von Lewenheimb von Rüben, die wie Menschenhände geformt sind. Er nennt sie Rapa monstera anthropomorpha. Deshalb soll man am Tag der »Apostelausteilung« im Juli nicht säen, sonst gibt es womöglich zwölf Finger. Auch nicht am Mittwoch, weil der Mittwoch die Woche spaltet, so auch die Rübe, dem Kohl macht er doppelte Herzen. Im Sternzeichen der Fische kriegen die Rüben keine üppigen »Beine«, nur einen dünnen Schwanz. Am Aschermittwoch mit Asche vermischt, das trägt Frucht. Im Zeichen der Jungfrau schießt Kraft in die Samen. Säen die Weiber Kohl und es begegnen ihnen Schweine, wachsen Rüben daraus. Weiße Rübenblätter bedeuten einen Toten im Haus.

Die Wurzel von Zank und Spott war die Rübe, der Kohl das Bild der Nüchternheit. Vor »Kohl quatschen«, vor »Verkohlen« sowie vor »aufgewärmtem Kohl« wird gewarnt.

DIE RÜBE. Ein armer Soldat quittierte den Dienst, wurde Bauer und säte Rübsamen. Eine Rübe wuchs riesengroß. Der Mann lud sie auf einen Wagen, groß und nicht geheuer, wollte er sie dem König schenken. Der hielt das seltsame Ding für etwas, das nur einem Glückskind wachsen kann. Das sei er nicht, sagte der Bauer, nur sein Bruder sei reich, den kenne der König wohl. Überreich beschenkte ihn da der König, so daß der Bruder neidisch wurde. Der fuhr auch zum König, brachte Gold mit und hoffte auf ein riesiges Gegengeschenk. Es war die Riesenrübe, die er bekam, das Seltenste und Beste, was er habe, sagte der König. Der Betrogene will nun seinem Bruder ans Leben, dingt Mörder und lockt ihn in eine Falle. An einem Baum soll er hängen. Ein fahrender Schüler kommt laut singend angeritten, verhindert den Mord. Das arme Opfer hängt kopfunter in einem Sack am Ast. Der Studiosus hört es rufen, hört und erfährt, das sei der Sack der Weisheit, dagegen seien alle Schulen Wind. Sie tauschen die Plätze, der andere soll hoch oben fein ruhig warten, bis die Weisheit kommt. Auf dem Pferd des Schülers reitet er fort.
In einer anderen Fassung des Märchens gibt es den Schluß: .... schickte aber nach einer Stunde jemand, der ihn wieder herablassen mußte.

DER DRESCHFLEGEL VOM HIMMEL. Den beiden Ochsen eines Bauern wuchsen die Hörner so hoch, daß er nicht mit ihnen zum Tor hinein kam. Ein Metzger kaufte die Ochsen, wollte ein Maß Rübsamen haben und für jedes Körnchen einen Taler geben. Das heiß ich mir gut verkauft! sagte der Bauer. Ein Korn war aber beim Transport aus dem Sack gefallen, das fing an zu wachsen. Auf dem Rückweg war daraus ein Baum bis in den Himmel gewachsen. Der Bauer stieg hinauf, zu sehen, was die Engel da droben machen. Er

fand sie beim Hafer dreschen, da wackelte der Baum. Zum Glück kam er wieder auf die Erde zurück, brachte aber zum Zeichen, daß er alles erlebt hatte, einen Dreschflegel vom Himmel mit.

Wachstum, Schlauheit und Reichtum

DER BAUER UND DER TEUFEL. Ein Bäuerlein überlistet ein Teufelchen, das auf seinem Acker einen vergrabenen Schatz hütet. Zwei Jahre soll die halbe Ernte dem Teufel gehören, danach dem Bauern der Schatz. Gerechte Teilung wird ausgehandelt, der Teufel bekommt, was über der Erde, der Bauer was unter ihr gewachsen ist. Im ersten Jahr erntet der die unterirdischen Rüben. Der betrogene Teufel will tauschen, der Bauer sät Weizen, erntet und gewinnt den Schatz.

Heilsame Angst, wenn der Teufel in den Rüben wühlt

DER FRIEDER UND DAS CATHERLIESCHEN. Nachdem Catherlieschen alles mißlungen war, wollte sie am Ende den Spitzbuben beim Stehlen helfen, aber auch dazu war sie zu töricht. Die Spitzbuben schickten sie aufs Feld des Pfarrers, Rüben rupfen. Zu faul, sich aufzurichten, wühlte sie nur in der Erde. Das sah ein Mann, der alarmierte den Pfarrer: In eurem Rübenland ist der Teufel und rupft. Weil der Pfarrer einen lahmen Fuß hatte, trug ihn der Mann hinaus. Catherlieschen richtete sich auf. Ach der Teufel, rief der Pfarrer, da lief der Mann davon und der Pfarrer konnte vor Angst wieder gehen.

Nichts als Kohl

HÄSICHEN-BRAUT. Es war eine Frau mit einer Tochter, die soll das Häsichen jagen, das im Winter allen Kohl im Garten frißt. Das Häsichen will das Mädchen auf seinem Hasenschwänzchen mitnehmen. Beim dritten Mal endlich sitzt die Tochter auf und kommt ins Hasenhüttchen. Dort muß sie Grünkohl und Hirse kochen und die Braut sein. Es wird nichts daraus, sie geht zur Mutter nach Haus und Häsichen ist traurig.

Die Kräuter · herbae
Das Grünzeug, Gemüse · olus, holus

»Wir wollen, daß im Garten alle Kräuter vorhanden sind!« Das war in Latein und im Pluralis Majestatis gesprochen, denn der kaiserliche Wille Karls des Großen galt für alle. Er ließ es niederschreiben im Erlaß seiner Domänenordnung, dem »Capitulare de villis«, das als 70. und letztes Kapitel Erkenntnisse der Naturgeschichte und ein Verzeichnis von etwa hundert Gewächsen enthielt. Ein fürsorgliches Vorgehen, denn um das »Gesundheitswesen« und die Medizin stand es schlecht. »Quacksalber« waren als Ärzte tätig, Nachfahren zaubermächtiger Medizinmänner und der keltischen Druiden, die mit den magischen Kräften der Natur vertraut waren, aus Kräutern, Wurzeln, Blättern, Stauden und Früchten Amulette und Arzeneien machten. Kräuterfrauen hatten einen guten Ruf, aber keine »Qualifikation«, brauchten Bilsenkraut zum Einschläfern, heilten mit Zauberformeln Krankheiten, von denen man glaubte, sie seien durch böse Geister in den Körper gefahren. Ein Kräutlein, ein Gebet, eine Beschwörung, das waren Methoden und Kuren bis zur Zeit um 800 gewesen, das sollte anders werden. Fort mit den Dämonen! Auf den Domänen und in den Ländern des Kaisers sollten nicht Exorzismen, sondern Arzeneien gegen Krankheiten kämpfen.
Karl der Große ließ Gelehrte kommen, ließ Schulen und

Bibliotheken der Klöster ausbauen, die Geistlichen sollten Kinder in praktischer Krankenpflege unterrichten. Heilkundige und Mönche, die Griechisch und Latein lesen und schreiben, manche auch sprechen konnten, studierten die klassischen Werke von Dioskurides und Plinius. In diesen war aufbewahrt und mit eigenen Erkenntnissen ergänzt, was aus den alten Quellen von Aristoteles durch seinen Schüler Theophrast überliefert war. Auch von Claudius Galenus, dem Philosophen und Mediziner im 2. Jahrhundert nach Christus, der botanisierend den Orient bereiste und Leibarzt des Kaisers Marc Aurel war, gab es 21 Schriften mit fast je 1000 Seiten. Er verband die Lehre von den Krankheiten mit einer Arzneimittellehre und hinterließ Rezepte für einfache Heilmittel in genauer Dosierung. In der Spätantike und bis ins frühe Mittelalter waren die Araber die besten Mediziner, ihnen ist der Fortbestand des klassischen Wissens zu verdanken. In den Moscheeschulen und Hospitälern, Sternwarten und Bibliotheken blühten die Wissenschaften. Der Kalif von Bagdad hatte Verbindung zu Pipin, dem Vater Karls des Großen, schickte Geschenke, die der Sohn mit noch kostbareren Gaben dankbar erwiderte. Was aber an Pflanzenkunde und Heilkunde aus der Antike und aus Arabien überliefert war, sollte in Karls Reich auf fruchtbaren Boden fallen.

Spricht man von Kräutern, darf man die Insel Reichenau nicht vergessen, wo im 9. Jahrhundert Walahfrid Strabo achtzehnjährig in das Kloster eintrat und achtzehn Jahre später Abt wurde. Er war gescheit und beseelt. Denkend und fühlend nahm er die Vegetation der fruchtbaren Insel wahr, in ihrer Vielgestalt, ihren Farben und Gerüchen, sah die arteigenen Blattmuster der wachsenden Pflanzen sich reproduzieren, lernte aus den Büchern Namen, Bedeutung und Eigenschaften, die sie bei den Alten hatten und ordnete »seine« Kräuter im Geist und in der Gartenerde. Es waren vierundzwanzig. In rechteckigen Beeten, zweimal vier in der Mitte, von sechzehn Randbeeten gesäumt, wuchsen sie: Salbei, Raute, Schwertlilie, Poleiminze / Kerbel, Sellerie, Liebstöckel, Fenchel / Mohn, Lilie, Rose, Rettich / Wermuth, Andorn, Frauenminze, Muskatellersalbei / Melone, Kürbis, Minze, Beifuß / Betonie, Odermennig, Ambrosie, Katzenminze. Im Kopf hatte er eine fromme kosmologische Ordnung, vom Herzen ging eine poetische Ader aus, für seinen »Hortulus«, den kleinen Kräutergarten.

Seine Strophen sind ein kleines Lied, im Vergleich zu den Gesängen, die im 12. Jahrhundert Hildegard von Bingen anstimmte. Sie sah die Mißstände innerhalb der Kirche, brachte das zu Gehör. Die Herrschenden merkten auf, suchten Hildegards prophetischen und klugen Rat, wechselten mit ihr Briefe. In ihrem langen Leben von 1098 bis 1179 hat sie vieles vollbracht, worüber wir gebührend staunen möchten. Sie nennt die Pflanzen zuallererst mit deutschen Namen, beschreibt ihre Heilkraft, wie diese aus der Antike, aber auch aus der Volksmedizin überliefert war. Eine Heilige, die nicht zuvor als Hexe verbrannt werden mußte, sondern fast ein Jahrhundert als Klosterfrau in einer ihr selbstverständlichen christlichen Ethik des Mittelalters lebte und nicht nach Frauenemanzipation strebte. Das lag fern. Ihre Demut ist ihr Geheimnis. Ihr Gottesbild ist streng und genau, es ist auch das eines Gärtners.

Kräuter! In geweihten Büscheln trägt man sie aus der Kirche, bäckt man sie in Gründonnerstagsküchlein. Auch zu Zwecken der Zauberei taugen sie. Sie waren immer beides, heilig und magisch.

Mercurius medicus, von Apollo selbst ausgerüstet mit dem Stab, der Tote erweckt, entdeckt damit die »Sympathie«

der Gewächse und Minerale. Seine Kräuter, die Heilkraft besaßen, waren ihm heilig. Er war der Magier mit dem Zauberstab. Die Priester Äskulaps verwalteten die Pflanzenmedizin, sie war eines der Geheimnisse der Mystik. Der Äskulapstab bleibt das Wappen der Ärzte.

Der Volksglaube der Kelten und Germanen, vermehrt durch römischen Aberglauben und Heilbräuche anderer Völker, wurde überliefert von Kräuterweibern, Badern und Scharfrichtern. Man kannte die Beschaffenheit und Wirkung der »Kräuter«, teilte sie danach ein. Aigremonts »Volkserotik« gibt Bericht davon.

Da sind die Gliedkräuter, die man auch Liebkräuter und Liedkräuter nennt. »Verderbt«, sagen die alten Botaniker, wenn ein Name durch einen Buchstaben seinen Sinn verändert, meinen aber nicht die Moral. Natürlich waren diese Kräuter trotzdem »delikat«. Sie heilten die Leiden an den »heimlichen Orten«, der Vulva, dem Penis. Nelkengewächse, Waldmeister und Labkraut gehören zu ihnen, weil ihre Stengel viele Glieder haben: similia similibus curantur, Ähnliches wird mit Ähnlichem geheilt. Dazu die Betonie, die altbewährte Betonica, für viele Leiden gut und zaubermächtig, erprobt.

Die Schloßkräuter, einmal schließen sie zu, die Frau, die Jungfrau, verhindern die Empfängnis: Ein Säckchen mit Mohn, ein Schloß voll Hirse. Dann schließen sie auf, sind Schoßkräuter, heilen den Schoß: Chrysanthemum parthenium, das Mutterkraut, Patronin der Gebärenden, hilft Kindern in die Welt. Frauenmantel, Sauerampfer, Beifuß, Wasserdost, Sumpfweidenröschen und Wundklee: Dämpfe, Bäder und Umschläge, ein Sträußchen in der Nähe der kranken Organe, zum Beispiel in der Hose.

Die Krötenkräuter: Der Krottenalp sitzt im Mutterschoß, die kranke Gebärmutter ist die Kröte. Da hilft Löwenzahn, der Krötenbusch, die Kamille, das Krottenkraut. Das Salbeiblatt ist runzlig, warzig wie eine Kröte, vertreibt die Froschgeschwulst, die Kröte unter der Zunge. Ziest, als Krottenkraut gebacken und in Eierkuchen gegessen, heilt.

Bärkräuter, Gebärkräuter, stillen Blutfluß, lindern Menstruationsbeschwerden, bringen die Wehen in Gang, fördern die Nachgeburt, heilen Geschwüre und Geschwülste: Bärwurz, Bärenfenchel, Küchenschelle, Steinklee. Atropa belladonna, die Tollkirsche, war ein gefährliches Abortivum namens Bärmutz.

Jungfernkräuter, Frauenkräuter, Mutterkräuter gibt es reichlich. Rosmarin, Bärlapp, Fetthenne, Maßliebchen, Johanniskraut, Salbei und andere.

Aphrodisiaca und Anaphrodisiaca, wie Mandragora und Alraunwurzeln als Fetische zu Liebeszauber. Wurzeln, die Geschlechtsteilen ähneln und ebensolche Pilze. Die Pflanzen Akelei, Anis, Artischocke, Beifuß, Bohne ... Lein ... Nessel ... bis Zwiebel, viele.

Berufkräuter, Beschreikräuter, helfen gegen bösen Blick, scheinheilige Wünsche. Das Verwünschen, Beschreien und Verhexen wird verhindert mit Weihrauchsäckchen, Wermutwurzeln, Getreidekörnern in Beuteln, Ketten aus Wundklee, Sträußen von Ziest, Blättern von Dürrwurz, mit dem »Berufkraut«, den Dämpfen vom Christophskraut, Frauenflachs, Kreuzkraut und Sumpfgarbe.

Salvia offizinalis, der Salbei. Walahfried hat ihn in seinem Hortulus als erste Pflanze besungen. Das Kräutlein wider den Tod, das könnte der Salbei sein. Ambrosia der Götter, nennt ihn Albertus Magnus, denn die Götter sollen durch Salbeigenuß unsterblich geworden sein. Salvare, gesund sein, heil und unversehrt, das ist die Salbe fürs Leben. Doch in den Merkversen der Schule von Salerno lernt man: »Warum soll ein Mensch sterben, wenn im Garten

Salbei wächst?« und die Antwort dazu: »Gegen den Tod ist kein Kräutlein im Garten gewachsen.«

Im Märchen DER GEVATTER TOD wird der Tod Taufpate und will das 13. Kind eines armen Mannes reich und berühmt machen. Er schenkt dem Knaben ein Kraut, das Kranke gesund und ihn selbst zum berühmtesten Arzt machen kann, wenn er es nicht falsch anwendet. An jedem Krankenbett will der Tod erscheinen, steht er zu Häupten, wird der Kranke gesund, steht er zu Füßen, muß er sterben. Der junge Arzt wurde bekannt und reich, da rief man ihn zum sterbenskranken König. Der Tod stand zu Füßen. Um ihn zu überlisten, legte der Doktor den Kranken verkehrt herum ins Bett, gab ihm von dem Kraut und er genas. Das ließ der Tod, weil er Pate war, einmal durchgehen, beim zweitenmal wollte er zupacken. Als des Königs schöne Tochter in eine schwere Krankheit fiel, versprach dieser seine Krone und des Mädchens Hand dem Erretter. Noch einmal versuchte der Arzt den Tod zu täuschen. Da nahm ihn der Tod in eine Höhle zu den Lebenslichtern. Kein Bitten half, sein kleines Licht verlosch, als Gevatter Tod ein neues daran anzündete.
Freund Hein, der Pate, der seinem Schützling wohlwill, läßt sich nicht betrügen. Ein Mißbrauch von Vertrauen führt in den Tod.

Im Wald

BRÜDERCHEN UND SCHWESTERCHEN im Wald allein, das Brüderchen schon in ein Reh verzaubert, das sich in die Jagd stürzt. Ein wenig am Fuß verwundet, legt Schwesterchen Kräuter zum Heilen auf, so daß es am nächsten Tag schon wieder hinaus kann.

Im Garten und auf der Wiese

Als die Königstochter DIE ZWÖLF BRÜDER in der Waldhütte gefunden hatte, blieb sie mit Benjamin zu Hause, suchte das Holz zum Kochen und die Kräuter zum Gemüs. Wenn die elf anderen von der Jagd kamen, war die Mahlzeit fertig. Sie waren fröhlich beim Essen, bis eines Tages das Gemüschen nicht mehr genügte, und das Mädchen zwölf Lilien im Garten brach und sie neben die Teller der Brüder legte. Im selben Augenblick waren sie in zwölf Raben verwandelt. Was als Freude für die Brüder gedacht war, wurde zum Verhängnis.

SCHNEIDERS DAUMERLING sprang im Garten munter an den Kräutern hinauf und herunter. Die Magd mähte ihn mit dem Gras schnell zusammen, brachte ihn den Kühen, und eine große schwarze verschluckte ihn lebendig.

Auf einer Wiese bei der GÄNSEHIRTIN AM BRUNNEN gibt es Thymian. Und im Garten der Frau Gothel, in den die Eltern von RAPUNZEL sehen, wachsen außer dem Feldsalat Kräuter.

TISCHLEIN DECK DICH, GOLDESEL, UND KNÜPPEL AUS DEM SACK beginnt mit der Ziege, die den Schneider und seine drei Söhne ernähren muß, weshalb sie die schönsten Kräuter braucht. Einer nach dem andern führt sie auf die Weide. Abends fragen sie: Ziege bist du satt? und sie antwortet: ich bin so satt,/ ich mag kein Blatt: meh! meh! Zu Hause aber sagt sie dem Vater: Wovon sollt ich satt sein? ich sprang nur über Gräbelein,/und fand kein einzig Blättelein; meh! meh! Da gab es Haue mit der Elle, daß alle drei davonliefen. Der Vater führte die Ziege nun selbst hinaus, erlebte dasselbe. Wie die Brüder mit den Wunderdingen ihr Glück machten und die Ziege mit kahlem Kopf am Ende für den Teufel gehalten wird, ist eine lange Geschichte.

Die Rose · Rosa centifolia
Die Heckenrose · Rosa canina

Beginnen wir mit der Heckenrose. Das ist das einheimische alte Röslein in den nordischen Ländern, in denen, wo nicht Wald wuchs, Gestrüpp war, der Dornbusch, die spinae. Zu den Dornsträuchern gehörte der Hagedorn, wichhagen, hyffa, tribulus, bedegar, handorn, viele Namen hat unsere Heckenrose. Ihr Busch schützte den heiligen Hain Friggas als Rosenhag. Der wetterwendische Loki, der in der Gesellschaft der Asen zwischen Thor und Odin pendelte, Vorform oder Prototyp des Intriganten, brachte den Rosenstock aus der Unterwelt ans Tageslicht. Rot leuchten im Herbst die Hagebutten, schützten vor Zauber, Blitz und Gewitter. Elfen hausten unter der wilden Rose, Hexen fürchteten sich, einen Zweig zu brechen, aber das Zottelhaar des Werwolfs blieb hängen im Busch, plötzlich stand, entzaubert, ein Mensch da. Die Heckenrose war das Sinnbild für die unsterblich lebendige Seele.

»Röslein auf der Heiden!« Das Weh und Ach der jungen Liebe in Goethes Lied: »Röslein wehrte sich und stach.« Wenn der Junge ein weniger gefühlvoller Knabe ist, nur ein Feuerchen entfachen möchte, steckt er vorsorglich, auch hinterhältig, dem Mädchen Hagebuttenkerne in den Rükkenausschnitt; es kratzt und beißt, es kitzelt. Harmloses Rosenlachen der Jugend, die singt: »Mein Schatz hat einen Rosenmund, und wer ihn küßt, der wird gesund.« Rosige Zeiten.

Es traten zuvor im Mittelalter die Ritter in ihren Burghöfen hoch zu Roß im Zweikampf auf. Ihren Turnierplatz nannten sie »Rosengarten«. Noch weiter zurück, in sagenhafter Vergangenheit, fochten Dietrich und Siegfried um den Kuß Krimhilds und um die Rose aus ihrem Garten zu Worms.

Rose rot, Rose weiß. Dreißig Jahre lang bekriegten sich brutal, im Namen der roten und der weißen Rose, die Häuser Lancaster und York, stritten um Krone und Besitz bis zum eigenen Ende. Verblutet der alte englische Hochadel, verblichen die Geschlechter. Geblieben ist die Geschichte der »Rosenkriege« in den Königsdramen Shakespeares von Heinrich VI. und Richard III.: »...wird zwischen roter Rose und der weißen in Tod und Todsnacht tausend Seelen reißen«.
Der Dreißigjährige Krieg hierzulande, fast zwei Jahrhunderte später, hatte sein Geheul angestimmt. Auf dem Schlachtfeld am Weißen Berg in Böhmen lagen die bleichen Toten mit ihren blutenden Wunden, den Röslein aus Laurins Rosengarten, Male der Dornen, der Spieße. Die Fürsten verhandelten, intrigierten »sub rosam«, im Vertrauen unter dem Siegel der Verschwiegenheit, die »Rosenlippen« fest verschlossen, wie es die hundertblättrige Blüte lehrte, in deren Blättern Geheimnisse sicher aufgehoben waren. Im Rat Kaiser Ferdinands amtierte Antonius, Abt von Kremsmünster, watete in seiner Hauskapelle knöcheltief in Rosen vieler Farben, schüttelte Blütenblätter aus seinen Ärmeln, hatte während einer geheimen Sitzung einen Blumenkorb vor sich, aus dem er eine Rose nach der anderen entblätterte, an den Blättern saugte, sie kaute und ausspuckte, wie man in Döblins »Wallenstein« lesen kann. Sog Kraft aus Rosenöl, Sicherheit aus Rosenbalsam. Es ging um Tod und Leben. Es ging um den rechten Glauben. Es ging um Macht und Länder der Herren.

Rosa, die Rose

Damascenerrose und die tausendblättrige, die Centifolie, zwei der ältesten Vorfahren unserer Gartenrosen haben auf ihrem Weg aus dem Orient, von Persien und Babylo-

nien nach Altägypten, Altgriechenland und ins alte Rom, ihr Erbgut mitgeschleppt. Jahrtausendelang wurden sie in immer neuen Gärten kultiviert, veredelt, verändert. Mutationen bescherten unvermutete neue Eigenschaften. Blüten mit mehr als fünf Blättern, oder mit immer schöneren Farben, auch Pflanzen ohne Frostschäden wurden gehütet, durch Reiser vermehrt, auf gut Glück und ohne Wissenschaft begann empirisch die lange Geschichte der Kulturrosen. Die Parthogenese, die ungeschlechtliche Jungfernzeugung allerdings, steht nach ihrer Erforschung auf einem anderen Blatt, hat nur entfernt mit der Agamospermie der Rosengewächse zu tun, auch wenn der Gedanke an Maria immer nahelag. Vrad oder vrod, das indogermanische Wort mit der Bedeutung von zart, biegsam ist der gemeinsame Stamm des Namens der Rose. Vrodon hieß sie in Persien, wie auf der Insel Lesbos, in Sapphos Liedern war sie die Königin der Blumen. Rhodon sagten die Griechen, und als rosa wurde sie populär bei den Römern. Der Name wanderte zusammen mit der Pflanze in alle Welt, den Duft der Poesie und Mythen im Gefolge.

Das Pentagramm ihres Blütengrundrisses barg das Geheimnis der fünf Sinne, der fünf Finger und des menschlichen Körpers, der sich mit ausgebreiteten Armen, gespreizten Beinen und aufrechtem Kopf dem Fünfeck einordnet, Rätsel der Okkultisten, Weisheit der Philosophen und als »Drudenfuß« bekanntes Hexenzeichen. »Das Pentagramma macht dir Pein«, sagt Faust zu Mephisto, der die Studierstube nicht verlassen kann, von dem Zeichen auf der Schwelle gefangen.

Im Vorderen Orient war das Abbild Allahs und sein kostbares Geschenk für die Menschen die Blume Gul der Perser, die Rose Gül der Türken. Die Reime der Rosenlyrik von Gül und Bülbül verbreiten Wohlgeruch, Wohlgestalt und

Wohllaut von Rose und Nachtigall. Die eine blüht, wenn die andere singt. Der Vogel Bülbül, Urbild der menschlichen Seele, liebte die hunderblättrige weiße Rose, drückte sie fest ans Herz und färbte die Blüte blutig rot.
»Wie kann man rote Rosen aus weißen Rosen machen?« möchte man Gottfried Kellers Sinngedicht abwandeln und bekommt verschiedene Antworten. Aus der Antike auch diese: Aphrodite eilt, dem verwundeten Adonis zu helfen, ritzt ihren Fuß am dornigen Rosenstrauch, vergießt ihr Blut auf die Blüten. Nun gibt es überall Rosen weiß bis rot. Der Olymp ist bevölkert von rosengeschmückten Göttern. Dionysos, Gott der Reben, Hymenaios, Gott der Ehe, Diana von Ephesus, Göttin der Fruchtbarkeit, tragen Rosenkränze. Eos, die Göttin der Morgenröte, öffnet die Rosenlippen, damit der Tag beginnen kann. Das späte, alte Rom versinkt im Rosentaumel. Mit Rosen überschüttet ziehen Feldherrn in Triumphwagen durch die Tore zum Kapitol. Die Stadt feiert ihre Rosenfeste, Orgien, bei denen die Römer auf Rosenbetten zu Tische liegen, Rosenwein zu Rosenpastete schlürfen, sie selbst parfümiert mit Rosenwasser. Darüber eine schwere Wolke von Rosenduft, spätantike Atmosphäre letzter Genüsse. Alles deutet auf Vergänglichkeit hin. Die frühen Christen Roms nahmen nicht teil am Rosenkult, sahen die Dornenkrone ihres Herrn am Kreuz, sahen in der roten Rose die Schamröte Evas nach dem Sündenfall.
Im Paradies war die Rose dornenlos gewesen, doch als Gott den abtrünnigen Engel Luzifer verstoßen hatte, schuf der sich den Hagedorn, wollte die Dornen als Leiter zurück in den Himmel benutzen, aber alle Stacheln waren nach unten gerichtet, Luzifer rutschte ab, seine Rückkehr mißlang, und mit ihm blieben die Stacheln der Rose in der Welt. Sie wurden nicht zur Himmelsleiter. Der Dorn straft

den Fuß, der auf den Wegen der Sünde geht, er ist das Symbol der Erbsünde.
Eva spina, Maria rosa, heißt es bei Bernhard von Clairvaux. Der Stachel und die Rose. Maria aber setzten die Maler seit dem Mittelalter in den Rosenhag. Evas Fall und Erröten wird aufgehoben von der unschuldigen Jungfrau, sie öffnet den Gläubigen die Paradiespforte. Ihr gilt das Ave Maria im Gebet, dem Rosenkranz. Zwei Frauen begegnen sich in der Umkehrung des Ave: Eva und Maria, die Mutter Gottes und die Mutter des Menschengeschlechts.
Sprachverwandt mit rhodon, die Rose, ist rhiza, die Wurzel. Christus selbst, der Gottessohn, wird begrüßt auf der Erde im Weihnachtslied: »Es ist ein Ros' entsprungen, aus einer Wurzel zart.«

DORNRÖSCHEN

Das Kind der Königin wurde schön, sittsam, freundlich und verständig, wie die zwölf weisen Frauen an seiner Wiege gewünscht hatten. Damit der Spruch der dreizehnten sich nicht erfüllen konnte, ließ der König alle Spindeln im Königreich abschaffen. Als aber das Mädchen an seinem fünfzehnten Geburtstag allein im Schloß war und überall hineinschaute, kam es zu der verschlossenen Tür im Turm, die ein rostiger Schlüssel öffnete. Im Stübchen spann eine alte Frau Flachs. Wie die Spindel herumsprang! Die Königstochter faßte nach ihr, stach sich und sank in den Schlaf, von dem sie hundert Jahre nicht mehr erwachen sollte. Der Zauberspruch hatte sich erfüllt. König und Königin kamen heim, schliefen ein, mit dem ganzen Hofstaat. Alle Tiere wurden still, sogar das Feuer im Herd legte sich. Um das Schloß wuchs die Dornenhecke mit jedem Jahr höher, bis es verschwunden und unsichtbar war. Im Land ging die Sage vom Dornröschen um, und mancher

Königssohn versuchte einzudringen, doch alle starben im Dorngestrüpp. Auch der Prinz, der gerade nach hundert Jahren in die Nähe kam, ließ sich nicht abhalten, wollte unerschrocken das schöne Mädchen sehen. Da erblühte die Hecke und öffnete sich für ihn. Alles schlief, er hörte nur seinen eigenen Atem. Im Turm sah er die Schlafende und küßte sie leise wach. Sie gingen hinunter, und wohin sie kamen, erwachten alle und setzten fort, wobei sie eingeschlafen. Der Koch gab dem Jungen die Ohrfeige, die Mägde rupften das Huhn, und der Braten brutzelte fort. Bald wurde eine prächtige Hochzeit gefeiert, und alle lebten vergnügt bis an ihr Ende.

Gewarnt, verwandelt, getarnt

Dem FUNDEVOGEL will die Köchin ans Leben, sie will das Findelkind kochen, wenn der Vater auf der Jagd ist. Lenchen, das eigene Kind, erfährt davon und flieht mit dem Schwesterchen. Sie haben sich unzertrennlich verbündet. Als die Knechte auftauchen, die ihnen die Köchin hinterherjagt, sagt Lenchen: werde du zum Rosenstöckchen und ich zum Röschen darauf. So sehen die Verfolger nichts als einen Rosenstock vor dem Wald. Die Köchin schilt, sie hätten den Stock entzweischneiden und das Röslein heimbringen sollen, und schickt die Knechte wieder hinaus. Doch die Kinder täuschen sie immer wieder, bis zuletzt die Köchin selbst hinterhergeht, von der Ente gepackt, ins Wasser gezogen und ertränkt wird. Fundevogel und Lenchen kehren herzlich froh heim, und wenn sie nicht gestorben sind, leben sie noch heute.

Verwandelt, getarnt, gerettet

Der junge Königssohn in DE BEIDEN KÜNIGSKINNER muß in einer Nacht die Dornen von einem Berg abräumen, um ein

Schloß darauf zu bauen. Die jüngste Tochter des Zauberkönigs hilft ihm, doch dann müssen die beiden vor dem Vater fliehen. Da verwandelt das Mädchen den Geliebten in einen Dornbusch, sich selbst in eine Rose. Der Vater sticht sich, als er die Rose zu brechen versucht.
Der junge Prinz und die Königstochter, die mit dem Sohn des OKERLO verheiratet werden sollte, flohen vor der alten Frau Okerlo. Um ihr zu entkommen, verzauberte das Mädchen sich mit dem Wünschelstab in einen Rosenstock und den Prinzen in eine Biene, so daß die Menschenfresserin die beiden nicht erkannte und heimging.

Verwandelt, geschützt, gerettet
Das Mädchen und ihr LIEBSTER ROLAND flohen die ganze Nacht vor der Hexe. Als sie morgens näher kam, verwandelte sich das Mädchen in eine schöne Blume mitten in einer Dornhecke, den Liebsten in einen Geigenspieler. Als die Hexe die Blume brechen wollte, wohl wissend, wer dies war, spielte der Geiger zum Tanz auf. Die Hexe mußte sich drehen, bis sie, zerkratzt und blutig, tot umfiel.

Den Bären erlösen
SCHNEEWEISSCHEN UND ROSENROT. Im Garten einer armen Witwe blühten zwei Rosenbäumchen, weiß und rot, denen glichen ihre Kinder, das eine hieß Schneeweißchen, das andere Rosenrot. Beide waren gut, fleißig und fromm, Schneeweißchen sanft und stiller als das muntere Rosenrot, doch konnte nichts die beiden trennen. Hand in Hand gingen sie zusammen in den Wald und sammelten rote Beeren. Einmal beschützte sie ein Kind in einem weißglänzenden Kleid vor einem Abgrund, an dem sie nachts schliefen. Im Sommer besorgte Rosenrot das Haus, im Winter machte Schneeweißchen Feuer, da war es behaglich, wenn

die Mutter vorlas und die Kinder spannen. Bis eines Abends ein Bär an die Tür klopfte. Er kam bald jeden Abend, die Kinder hatten Spaß mit ihm. Waren sie zu wild, rief er: Schneeweißchen, Rosenrot/ schlägst dir den Freier tot. Am Morgen trabte er in den Wald. Im Frühjahr nahm er Abschied, blieb am Türhaken hängen, ein goldener Schimmer blitzte durch den Riß im Pelz. Nach einer Zeit befreiten die Mädchen im Wald einen Zwerg, sein Bart klemmte in einem Baumstamm. Sie brauchten eine Schere, da wurde er giftig. Noch zweimal halfen sie ihm aus mißlichen Lagen, sahen ihn eines Abends seine funkelnden Edelsteine ausbreiten. Er brüllte die Mädchen zornig an. Da kam der Bär, der sollte die beiden fressen. Doch er schlug mit der Tatze zu, der Zwerg rührte sich nicht mehr. Schneeweißchen und Rosenrot, wartet, rief er, und sie erkannten die Stimme. Plötzlich fiel die Bärenhaut ab, der verzauberte Königssohn war erlöst.
Schneeweißchen wurde des Bärenprinzen Braut, Rosenrot die seines Bruders. Die Mutter brachte ihre Rosenbäumchen, sie blühten vor dem Fenster, weiß und rot.

Dornen, Dornen
Bevor sie zu FRAU HOLLE kommt, sticht sich »Pechmarie« mit der Spindel und stößt ihre Hand in die Dornhecke.
Das Mädchen im Märchen DIE DREI MÄNNLEIN IM WALDE, will nicht im Papierkleid in den eiskalten Wald, wo die Dornen ihm das Kleid zerreißen würden, geht aber doch.
SCHNEEWITTCHEN lief über spitze Steine und durch Dornen, als der Jäger es am Leben und im großen Wald alleine ließ.
DER JUDE IM DORN mußte tanzen, so lange der Knecht auf seiner Fiedel spielte, bis die Kleider zerrissen und die Haut zerkratzt und zerstochen war.

Fromme Rosen

DIE ROSE. Das jüngste Kind einer armen Frau mußte jeden Tag im Wald Holz holen. Eines Tages traf es ein kleineres Kind, das half ihm dabei, trug das Holz bis vors Haus und war augenblicklich verschwunden. Die Mutter glaubte nicht, was ihr Kind erzählte. Zuletzt brachte es aber eine Rose mit nach Hause und sagte, wenn die aufblühe, werde das Kind wiederkommen. Die Mutter stellte die Rose ins Wasser. Eines Morgens lag ihr Kind tot im Bett. Am selben Morgen war die Rose aufgeblüht.

ARMUT UND DEMUT. Ein Königssohn sah den schönen Himmel an, war traurig und wollte hinauf. Ein armer, alter Mann, den er fragte, wie er dorthin käme, sagte »durch Armut und Demut«. Da tauschte er mit ihm die Kleider und ging sieben Jahre bettelarm durch die Welt. Danach kannte ihn zu Hause niemand mehr. Aus Mitleid bekam er einen Platz unter der Treppe. Dort fand man ihn bald tot, in der einen Hand eine Rose, in der anderen eine Lilie, neben sich ein Papier, auf dem seine Geschichte geschrieben stand. Auf seinem Grab wuchsen hüben und drüben Rose und Lilie.

Warum die Geißen Stummelschwänze haben

DES HERRN UND DES TEUFELS GETIER. Nachdem Gott alle Tiere geschaffen hatte, wollte der Teufel auch schaffen. Er machte die Geißen mit langen, feinen Schwänzen. Mit diesen blieben sie auf der Weide in Dornhecken hängen, aus denen er sie mühsam wieder befreien mußte. Das war ihm lästig, und er biß ihnen die Schwänze so kurzstummelig, wie sie heute noch sind.

Strahlend weiß, schön, unschuldig, rein und aufrecht: Ihre Majestät, die Lilie. Ihr Duft trägt dich fort, mitten hinein in den Olymp, aus dem sie kommt.
Ein Milchstrahl schoß aus Junos Brust, als sie im klassischen Götterhimmel ihren Sohn Herkules säugte, die Milchstraße erstrahlte mit tausend Sternen. Vom Überfluß fielen einige Tropfen bis auf die Erde hinunter, wohin? Lilien wuchsen auf jeder Stelle, die ein Tropfen traf. Eine ganze Stadt, umgeben von Lilien, hauchte Wohlgeruch aus. Vielleicht war dort einer der Orte, eine erste Heimat der Blume gewesen, so alt wie die Sterne der Galaxis und ebenso göttlichen Ursprungs? Susa, die Hauptstadt von Elam, im späteren Persien, heißt die Lilienstadt.
Susanna, vom hebräischen Schuschan, die Lilie, die junge Frau im Alten Testament, bereits seit dem dritten christlichen Jahrhundert ein Motiv der bildenden Kunst, war schuldlos als Ehebrecherin angeklagt und zum Tod verurteilt. Errettet durch den Propheten Daniel, wurde sie zum Sinnbild der Unschuld und Tugend. Susanna im Bade, in neuerer Zeit oft und lilienschön gemalt, als Objekt der Begierden älterer Belauscher.
Größte Pracht hatten Lilienkelche in Salomons Tempel entfaltet, dessen Leuchter goldene Lilien schmückten, dessen Säulen mit Lilien gekrönt waren. Salomons Stirn zierte ein Lilienkranz.
Andere Orte kommen in Betracht, wo die Blume seit Menschengedenken blüht. Der Milchtropfen, der auf Ägypten fiel, brachte eine Lilie hervor, deren stilisiertes Abbild dreitausend Jahre vor unserer Zeit am Thron der Herrscher oder an granitenen Palastpfeilern erscheint. Ein senkrechtes Schriftzeichen umrankend, war sie Herrschaftssymbol

und Sinnbild für die vereinten Reiche von Ober- und Unterägypten, wenn eine Papyrospflanze dazukam. In den Geschichten, die auf den Reliefs erzählt werden, deutet die Lilie die Kürze des Lebens an, ist aber auch Zeichen der Hoffnung.

Weiblich und männlich ist die Lilie. Die himmlische Schönheit, Venus Urania in ihrer Glorie, verhüllt das Haupt halb in Wolken, eine Lilie in der einen, eine Kugel in der anderen Hand. Oder es taucht ein Jüngling auf in Griechenland, den Kopf umwölkt, einen Lilienstengel tragend. Er zeigt, wie die Jugend in Schönheit stirbt. Als Zeichen des blassen Todes legten die Griechen ihren Verstorbenen Lilien auf die Gräber. So war die Blume aus Kleinasien nach Europa gekommen, mit der zweifachen Bedeutung, die sie bei den Orientalen hatte, als Sinnbild der Reinheit und Unschuld, und als Memento mori.

Lilia candida bei Vergil, die blendendweiße, weißglänzende, schneeweiße reine Lilie. Als Rose der Juno, die beim Kampf gegen das Laster siegte, war sie im Altertum berühmt. Soviel Reinheit weckte die Eifersucht von Venus, der Göttin der Rose. Sie verunglimpfte die Schönheit der Blüte, drückte mitten in die goldenen Staubgefäße ein übergroßes Pistill, den Stempel, der an einen brünstigen Esel erinnern sollte.

Im Norden regierte Thor, eine Krone mit zwölf Sternen auf dem Haupt, in der Rechten den blitzeschleudernden Hammer, ein Werkzeug der Fruchtbarkeit, in der linken das Lilienzepter, Symbol seiner Herrschaft.

Chlodwig, der junge König der Merowinger, von Chlothilde, seiner frommen Frau für das Christentum begeistert, setzt drei Lilien in das französische Wappen und erklärt bei der Taufe seines Sohnes, damit Beschützer der Christen sein zu wollen. Seitdem regierten viele Königshäuser

Frankreichs in diesem Zeichen, doch war »Fleur de Lys« im Lilienbanner der Bourbonen eine Iris, die stilisiert zum Verwechseln ähnliche Blüte der verwandten Schwertlilie.

Weiße Fahnen mit Lilien flogen dem letzten Kreuzzug voran.

Die Christen im Mittelalter zeigen die Lilie als ein Zeichen der Gnade, wenn sie aus dem Mund des Weltenrichters herauswächst, neben dem Schwert, das der strafende Gott zwischen den Lippen hält. Zwar schmückt sie an Thron, Zepter, Ornat und Krone die Insignien der Macht, doch viel mehr ist sie bei den Frauen, bei Maria, bei den weiblichen Heiligen und den Engeln. Ihre Eigenschaften verbinden sich innig, Blume und Jungfrau. Fromme mittelalterliche Maler gingen so weit, die Lilienblüte ohne den Makel darzustellen, den Venus ihr zugefügt hatte und in dem die Mönche zugleich den Hammer des heidnischen Thor sahen, den sie nicht mehr sehen wollten.

Die Mutter Gottes, die Madonna, gibt unserer Pflanze den Namen Madonnenlilie, Lilium candidum, die reine, weiße. »Schauet die Lilien auf dem Felde, wie sie wachsen: sie arbeiten nicht, auch spinnen sie nicht«, sagt Matthäus. So mahnt ein blühendes Geschöpf Gottes die Menschen, sich nicht um Irdisches zu sorgen, sondern dem Schöpfer das leibliche Wohl anzuvertrauen. Symbol für die christliche Kirche wird die Lilie, gegenwärtig von Anfang an, wenn Gabriel Maria die himmlische Botschaft bringt, sie werde Gottes Sohn in die Welt empfangen, bis zu den Bildern vom Grab Christi, an dem die Engel mit Lilien wachen. »Ein lylie der waiset allewege uf gegen dem himmelriche«, ein Spruch auf Gräbern von reinen Jungfrauen, von unschuldig Hingerichteten und vor allem von Kindern.

DIE ZWÖLF BRÜDER. Ein König und eine Königin hatten zwölf Söhne, die sterben sollten, wenn das dreizehnte Kind ein Mädchen sei, denn der König wollte diesem allein das Königreich vererben. Zwölf Särge standen bereit in einer verschlossenen Stube.

Benjamin, der Jüngste, erfuhr davon und ging mit den Brüdern fort, um in Sicherheit die Geburt abzuwarten. Als sie erfuhren, daß es ein Mädchen war, verschworen sie sich, daß Blut fließen sollte, wo sie ein Mädchen fänden. Zehn Jahre vergingen, da sah das Mädchen im Schloß zwölf Mannshemden in der Wäsche, erfuhr von seinen Brüdern und machte sich auf, sie zu suchen. Im tiefen Wald fand es Benjamin allein in einem Häuschen. Die Freude war groß, auch die anderen Brüder wollten der schönen Schwester mit dem Stern auf der Stirn nichts anhaben, und sie lebten zufrieden zusammen. Eines Tages brach das Mädchen zwölf schöne Lilien im Garten, im selben Augenblick waren alle Brüder in Raben verwandelt, die flogen davon, auch Haus und Garten waren verschwunden. Eine alte Frau stand da, erklärte dem Mädchen, wenn es sieben Jahre lang stumm bleiben könne, seien die Brüder erlöst. Da setzte es sich auf einen hohen Baum, lachte nicht, sprach kein Wort und spann. Ein König jagte im Wald, holte die schweigsame Schöne vom Baum und führte sie heim. Nach ein paar Jahren fing die Mutter des Königs an, die junge Königin zu verleumden, die nie sprach und nicht einmal lachte. Das ging lange Zeit so. Endlich verurteilte der König seine Frau zum Tod und ließ ein Feuer anzünden. Sie war schon an den Pfahl gebunden, die Flammen leckten an ihren Kleidern, das war im letzten Augenblick der verflossenen sieben Jahre. Die zwölf Raben kamen geflogen, und als sie die Erde berührten, waren es ihre zwölf Brüder. Sie löschten das

Feuer. Nun durfte sie wieder reden und konnte dem König alles erzählen. Alle lebten glücklich zusammen, nur die böse Stiefmutter ereilte die gerechte Strafe.

Vom Lebenszeichen

Im Märchen DIE GOLDKINDER fing ein armer Mann dreimal denselben goldenen Fisch, der sprechen konnte. Das erste Mal versprach der Fisch, die Hütte werde zum Schloß, wenn er ins Wasser zurück dürfe und der Mann zu niemand darüber rede. Das geschah, doch der Mann konnte nicht schweigen. Das Schloß verschwand. Ein zweites Mal ging es ebenso. Beim dritten Mal wollte der Fisch in sechs Stücke geschnitten werden. Zwei davon sollte die Frau essen, zwei sein Pferd, und zwei sollten in die Erde, das bringe Segen. Aus der Erde wuchsen zwei goldene Lilien, das Pferd bekam zwei goldene Füllen, und die Fischersfrau gebar zwei Kinder aus Gold. Alle gediehen, die Kinder wollten auf den goldenen Rössern in die Welt reiten. Sie sagten den Eltern, an den goldenen Lilien sei ihr Wohlergehen zu sehen, welkten sie, oder fielen gar um, wären sie selbst krank oder tot. Im Wirtshaus wurden die Goldkinder zum Gespött, da kehrte der eine nach Hause um. Der andere ritt fort, verbarg das Gold unter Bärenfellen. In einem Dorf heiratete er ein schönes Mädchen. Ein Traum von einem prächtigen Hirsch trieb ihn hinaus auf die Jagd und zum Haus einer Hexe. Die verwandelte ihn in einen Stein, er konnte zur Braut nicht zurück, die traurig und allein wartete. Daheim aber sah der andere Bruder eine der Goldlilien umfallen. Auf seinem goldenen Pferd galoppierte er in den Wald, fand das Haus und zwang die Hexe, an den Stein zu fassen. Kaum berührt, war der Zauber gebrochen, sein Bruder stand lebendig vor ihm. Glücklich ritten sie aus dem Wald, der eine zu seiner Braut, der andere heim zum Vater. Ich wußte wohl, sagt der, daß du deinen Bruder erlöst hattest, denn die goldene Lilie ist auf einmal wieder aufgestanden und hat fortgeblüht.

Die Nelke · Dianthus species

Blut ist geflossen, wo sie wächst, die rote Nelke. Dios, der Gott Zeus, gab anthos, der Blume, ihren Namen: Gottesblume, dianthus. Die blutigen, sanften Augen eines kleinen Hirtenjungen lagen am Wegrand. Diana hatte sie ihm in einer Wut ausgerissen, weil seine Schalmei ihr die Jagd verdorben, die Tiere vertrieben hatte. Nun tat es der Göttin leid, und sie ließ an der Stelle die ersten Nelken erscheinen. Seitdem gibt es immer wieder Blutnelken, die rotblühend der Erde entsprießen, an Orten, wo ein Ermordeter lag.
Duft ist eines ihrer Hauptmerkmale. Nelkenduft verströmt der Nelkenbaum, Caryophyllus aromaticus. Von ihm, weil sie für die Nasen der Griechen ähnlich rochen, bekamen alle Nelkengewächse den griechischen Namen Caryophylaceen. Soviel haben sie mit dem Nelkenbaum zu tun, der allerdings unverwandt zu den Myrtengewächsen gehört. Im 17. Jahrhundert stellte der weitgereiste Kaufmann und Naturforscher Georg Eberhard Rumpf, der »Plinius Indiens«, den Baum vor als den anmutigsten und kostbarsten aller bekannten Bäume. Mit seinen getrockneten Blütenknospen, den Gewürznelken, haben in der Antike die Phönizier Geschäfte gemacht. Auch die Königin von Saba mag sie mit sich geführt haben, als sie mit großem Volk und »Kameltieren« nach Jerusalem aufbrach. Seine Heimat sind die ostindischen Gewürzinseln, die Moluccen, von dort kam die teure fremdländische Spezerei zu uns. Und sie roch, wie Nelken riechen.

Doch ist gewiß, daß selbst Nelke und Nelke nicht dasselbe sind in der Botanik. In Sturms Flora von 1900 werden eintausenddreihundert Arten angezeigt, davon zweihundert deutsche zum Teil beschrieben. Nelkengewächse machten stets Schwierigkeiten durch Vielfalt und die Neigung, sich miteinander zu »verheiraten«, auch selbst mit entfernteren Verwandten Bastarde zu zeugen, die durchaus als neue Arten sich fortzupflanzen in der Lage waren und sind, sowohl die wild wachsenden, als auch die gärtnerisch gezogenen und gezüchteten. Stolze, luxurierende Nelken leuchteten rot, rosa und weiß in den Gärten, in den Vasen der betuchten Bürger Hollands im 15. Jahrhundert. Die Sucht, sich gegenseitig mit phantastischen Exemplaren zu übertrumpfen, man nennt sie Dianthomanie oder Nelkenwahn, führte zu einem überhitzten »Nelkenmarkt«. Es wurden daher für Neuerscheinungen der »Götterblume« Phantasiepreise bezahlt, die manche Familie ruinierten.
Aber bereits von alten Arten sind aus derselben Zeit wichtige Heilpflanzen bekannt. Hildegard von Bingen hatte sie nelchin genannt und hoch geschätzt. Kaiser Maximilian empfahl höchstselbst ein Gebräu aus Wein und Wurzeln der Gebirgsnelke, als gutes Mittel, »wenn einen graust oder die pestilenz ankombt«. Das Kräuterbuch von Hieronymus Bock versucht eine Ordnung bei den Nelkengewächsen und gruppiert sie. Wir lesen »von den lieben grasblumen und negelein«, den einen und den anderen mit den grasartigen Blättern, sie seien der »reichen leut kurtzweil und nicht allein an Gestalt schön, sondern auch an geruch lieblich, in viel wege nützlich zu brauchen ... dienet gegen gifftiger thier biss und stich, tödt auch bauchwürmer ... ist heilsam für schwachheiten, herzklopfen, zittern, schwindel, schlag, fallende sucht, mutterwehe« ... stillet das stätig erbrechen und schärfft das gesicht wunderbarlich«. Die Augen!

Die wie ein kleiner Nagel geformte Gewürznelke hat den zärtlichen mittelhochdeutschen Namen negellin, das Nägelein. Und was in den spätmittelalterlichen Gärten blühte und duftete wie sie, was wild im Gebirge wuchs oder am Waldrand, die vielen Formen wie Karthäusernelken, Steinnelken, Donnernelken, Blutnägele und viele andere, auch sie hatten einen »Nagel«, den Blütenkelch. So stimmen Duft, Form und Bedeutung überein, was Nelken betrifft. Der Sultan hält die rote Blume in der Hand vor seine Nase, wenn er sich porträtieren läßt. Auch Simon George of Cornwall zeigt sie vor, wenn Holbein ihn malt. Sie ist die Bräutigamsblume, in ihrer äußeren Schönheit mit den innerlichen Eigenschaften eines Aphrodisiacums versehen. Wird sie der Geliebten gereicht, ist sie ein Signal. Gibt das Mädchen dem Burschen das Sträußchen, schauen sie sich tief in die Augen. In der Kirche hält die Bäuerin ein kleines Nelkenbüschel. Das Altarbild zeigt die Madonna mit dem Kind, das eine rote Nelke hochhält. Eine christliche Legende sagt, die roten Nelken seien aus den Nägeln vom Kreuz Christi entstanden. Um das Jahr 1000 wurde in Rom in einer Kräuterweihe die Nelke sanktioniert mit dem Versprechen, daß alle, die das Nägelein tragen oder essen, durch himmlische Abwehrkräfte geschützt seien. So kamen Amulette und Ketten in Mode, selbst den Toten gab man im Schwabenland eine Zitrone, Symbol des Todes, mit Nelken besteckt in die Hand. Die jungen alemannischen Soldaten steckten sich in Napoleons Kriegen eine ebensolche aufs Bajonett, zogen in den Kampf, gefeit gegen Tod und Teufel.
Oculus Christi heißt eine bescheidene Nelke, die an die Augen des Heilands erinnert. Das Gottesauge ist zum Christussymbol geworden, der für die Gläubigen das Licht der Welt ist. Der Arzt Matthioli hat sie in seinem Kräuter-

buch verzeichnet, eingedenk der Legende Ovids von Diana und dem Schäfer. Er empfiehlt sie als Heilpflanze für Augenleiden.

DIE NELKE stellt vor Augen, wie eine Jungfrau einer Blume an Schönheit gleicht.
Eine Königin, die keine Kinder bekommen konnte, bat Gott jeden Morgen im Garten um ein Kind. Ein Engel versprach ihr einen Sohn mit wünschlichen Gedanken. Das Kind kam zur Welt, beglückte die Eltern und gedieh. Eines Tages bemächtigte sich der alte Koch des Kindes, weil er dessen Gabe kannte, und verleumdete die Königin bei ihrem Gemahl. Sie wurde für sieben Jahre in einen Turm gesperrt. Als der Knabe größer war, ließ der Koch ihn ein Schloß, dann eine Jungfrau herbeiwünschen. Die Jungfrau war überaus schön, die beiden spielten als glückliche Kinder, der Koch ging auf die Jagd. Bis er zu fürchten begann, der Jüngling könnte sich zum Vater zurücksehnen. Er verlangte von dem Mädchen, den Jungen zu töten, doch sie konnte es nicht. Sie täuschte den Koch, der Königssohn verwünschte diesen in einen Pudel, der glühende Kohlen fraß. Nach einiger Zeit dachte der Knabe an seine Mutter und wollte zu ihr. Doch weil die Jungfrau den weiten Weg ins Unbekannte fürchtete, verwandelte er sie in eine Nelke, steckte die Blume in die Tasche, nahm den Pudel am Halsband und zog in sein Vaterland. Am Turm angekommen, stieg er die erwünschte Leiter hinauf und versprach seiner Mutter, sie zu erretten. Als ein fremder Jäger bot er dem König seine Dienste an, der aber sagte, in der Gegend habe sich niemals Wild aufgehalten. Da nun fing in großem Stil das Wünschen an, für Wild und Jägerei war gesorgt. Beim Gastmahl saß der Jäger neben dem König, wünschte sich, daß von der Königin gesprochen wird und gab sich endlich

als Sohn zu erkennen, der alles erklären kann. Das Mädchen, das ihn so zärtlich aufgezogen hatte, holte er als eine Nelke aus der Tasche und stellte sie auf die königliche Tafel. Kaum stand sie da in ihrer Schönheit, zeigte sie ihre wahre Gestalt, eine Frau, schöner als ein Maler sie malen könnte. Die Königin wurde von Kammerfrauen und Dienern aus dem Turm zu Tisch geholt. Sie konnte keine Speisen mehr zu sich nehmen, lebte noch drei Tage und entschlief selig. Zwei Engel, die ihr im Turm zu essen gebracht hatten, saßen als weiße Tauben auf ihrem Grab. Der Koch bekam seine Strafe. Der Sohn und die schöne Jungfrau, seine Nelke, wurden glücklich miteinander. Ob sie noch leben, steht bei Gott, endet das Märchen von Dianthus, der Gottesblume.

Rapunzel, der Feldsalat · Valerianella olitoria
Lattich, der Salat · Lactuca sativa

»Vale!« – lebe wohl – damit wünschte der Gemüsegärtner in Rom der Kundin zum Abschied ein gutes Leben. Nicht »Auf Wiedersehen«, hieß es, sondern wie die Begrüßung »Salve!«: Heil, Gesundheit und Wohlbefinden. Ein bescheidenes Pflänzchen läßt durch seinen Namen wissen, wie eng verbunden die Wohlfahrt des Körpers ist mit dem grünen Gemüse, der gesunden Nahrung: valerianella olitoria. Der kleine Baldrian, das Rapünzchen, wächst in unseren Gärten als Feldsalat. Bei den Römern war das »forum holitorius«, ein großer Gemüsemarkt südwestlich vom Kapitol, gegenüber der Tiberinsel. Da gab es holus, das grüne Gemüse, auch holusculum, das Gemüschen. So eines ist unsere Rapunzel, und leitet ihren Artnamen olitoria von holitor, dem Gärtner, ab. Der Gattungsname valerianella

zeigt die Pflanze als Mitglied der Familie der Valerianaceae, das sind die Baldriangewächse.
Rapunculus, rapuncium, eine liebevolle mittelalterliche Variante des Wortes rapulum, die kleine Rübe, zeigt an, daß das Rapünzchen mit einer Glockenblume namens Campanula rapunculus, der Rübenrapunzel, verglichen wurde. Ihre grundständigen Blätter bilden ähnliche Rosetten. Wilde Rapunzeln sind harmlose Ackerunkräuter, zartwurzelnd, ein leichter Flor auf der Erde von blaßblauen oder weißlichen Blütchen. Unsere Rapunzel, der Feldsalat, das Rabinzlen, der Ackersalat, Sonnenwirbel, Feldkropf, Vogerlsalat, der Lämmersalat und das Schafsmaul, wie sie der Volksmund nennt, keimt schnell und läßt schon vierzehn Tage nach der Aussaat die kleinen Rosetten wachsen, die zu Sorten von immer größerer Fülle gezüchtet werden.
Nach dem langen Winter war es der Brauch unserer Vorfahren, das neue, eßbare Frühlingsgrün in Eierkuchen zu backen. Sale, das Salz, salato, gesalzen: So aß man in Italien schon grüne Blätter, als im Norden noch die Furcht herrschte, ungekochtes Gemüse mache unfruchtbar.
Da haben wir den Salat, von dem der Dichter Heinrich Voss schreibt: »Ich pflückte mir Säuerling hier und Rapunzel, ... denn ich sage dir, Kaiser und König lobt den Rapunzelsalat...«

Gelüste

RAPUNZEL heißt das Märchen, wie das Mädchen. Ein Mann und eine Frau hatten sich lange vergeblich ein Kind gewünscht, und endlich war sie guter Hoffnung. Da sah sie im Garten hinter der Mauer auf ein Beet Rapunzeln, nach denen sie Gelüste bekam. Aber der Garten gehörte einer Zauberin. Als die Frau ganz elend und blaß geworden war, stieg der Mann über die Mauer und brachte ihr eine Handvoll Rapunzeln. Beim zweiten Mal wurde er ertappt, und er mußte der Zauberin für die Rapunzeln das Kind versprechen. Kaum war es geboren, erschien die Zauberin, gab ihm den Namen Rapunzel und nahm es mit. Rapunzel wurde sehr schön, ihr Haar wuchs, war lang und golden. Mit zwölf Jahren schloß die Zauberin das Mädchen in einen Turm ohne Tür und Treppe, mitten im Wald. Dort saß es am Fenster und sang. Rapunzel, Rapunzel, laß dein Haar herunter, rief die Zauberin. Der Zopf fiel bis zur Erde, und sie stieg hinauf. Rapunzels Lieder verlockten auch einen Königssohn zu lauschen. Als er sah, welche Leiter es da gab, und hörte, welche Worte man brauchte, rief er sie und kletterte zu ihr. Rapunzel erschrak. Er aber war so freundlich, daß sie dachte, er wird mich lieber haben als die alte Frau Gothel, und sie wurde seine Braut. Nun kam er jeden Abend, wenn Rapunzel allein war. Das ging eine Zeit, bis Rapunzel sich selbst verriet und die Zauberin ihr den Zopf abschnitt, sie in eine Wüstenei schickte. Den Zopf band sie ans Fenster und wartete. Der Königssohn fürchtete sich vor der bösen Frau im Turm, die ihm drohte, er werde Rapunzel nie wiedersehen, und stürzte sich in die Tiefe. Blind irrte er umher und geriet Jahre später in dieselbe Wüstenei, wo Rapunzel mit Zwillingskindern lebte, die sie geboren hatte. An ihrer Stimme erkennt er sie – und ihre Freudentränen geben ihm sein Augenlicht wieder.

Was sich die Mutter »einverleibt«, gibt dem Kind Leben und Namen, Rapunzel. »Sonnenwirbele«, eine Rosette. Der Dichter Berthold Heinrich Brockes sang, versunken ins bodennahe Leben der Natur: »... ist die Erde selber nichts als ein Magnet/ daß nun sie gedrehet werde/ um die Angel, dies entsteht/ aus des Sonnenwirbels Kräften«. Ra-

punzels Fenster ist keine Rosette einer gotischen Kathedrale. Aber das Mädchen im Turm singt und sinnt. Ihr Haar gleicht der Sonne.
Grüner Salat, Kopfsalat, Lattich.
Lactuca mit dem milchigen Saft. Lac ist lateinisch die Milch. Eine mehr oder weniger bittere Milch im grünen Kraut, das Köpfe bilden kann und zu unserem Kopfsalat wird. Den Griechen galt es als Anaphrodisiacum, abstumpfend, die Zeugung hemmend. Es war Salat für Impotente, für Eunuchen, ja es war die Speise der Toten und hieß das Totenkraut. Sie legten es auf Gräber, glaubten, die Verstorbenen kämen herauf, es zu essen. Den Römern war lactuca als ein Gewächs bekannt, das wohltätigen Schlaf brachte. Der Mythos vom toten Adonis, den Venus in Lattich bettete und von dem geglaubt wurde, er kehre jährlich auf die Erde zurück, wurde gefeiert in den Adonisfesten. Frischgekeimtes Grün in Scherben und Körben, sogenannte Adonisgärtchen, stellte man vor die Statuen des schönen Götterjünglings.
Wie anders die alten Ägypter, für die der Lattich ein Aphrodisiacum und wichtiges Attribut ihres Fruchtbarkeitsgottes Min war! Lattichbeete wurden auf Traggestellen in den Prozessionen zu seinem Fest mitgeschleppt.
Im Mittelalter mischten die Hexen ihre Salben, zu denen sie Lattich brauchten. Lattichopium, aus dem dicken Milchsaft der Pflanze, benutzten Feldscher und Bader, Arzt und Apotheker. Durch Albertus Magnus und in Arzneibüchern jener Zeit sind Empfehlungen und Warnungen überliefert. Das »Lactucarium«, der eingedickte Milchsaft, taugte bei den damals rohen Amputationen und Operationen, das Bewußtsein auszuschalten oder zu trüben. Es stillte Schmerzen, brachte Schlaf, heilte den Magen. Zu viel Saft des wilden Lattichs, den sie den Giftlattich nann-

ten, machte schwindlig und atemlos, verursachte Sehstörungen, Herzrasen und Ohrensausen.

Verzaubert, verwandelt

Der gutherzige junge Jäger im Märchen DER KRAUTESEL gewann einen Wunschmantel, mit dem er fliegen konnte, und ein Vogelherz, das ihm Goldstücke bescherte. Er geriet in ein Schloß, wo eine alte Hexe ihre schöne Tochter zwang, dem Jüngling die Zauberdinge wegzunehmen. Das Mädchen und der Jäger verliebten sich ineinander, flogen zusammen weg, aber das Mädchen verließ ihn mit dem Wunschmantel, als er schlief. Schließlich wurde der Jüngling von einer Wolke in einen ummauerten Krautgarten getragen. Hungrig hielt er sich an den Salat. Schon nach dem ersten Bissen wuchsen ihm vier Beine und ein dicker Kopf mit langen Ohren. Er entdeckte, daß er zum Esel geworden war, der immer gieriger eine Menge Salat aß, bis er an eine andere Art Salat geriet, der ihn zurückverwandelte. Nach einem guten Schlaf brach er von jeder Art einen Kopf, wollte seine Liebste wiederfinden und die Treulose bestrafen. Als Bote mit köstlichem Salat kam er zum Schloß. Die alte Hexe war lüstern, nahm einige Blätter und verwandelte sich in eine Eselin. Auch die Magd aß davon, stand da im grauen Fell mit langen Ohren. Der Bote saß bei dem schönen Mädchen. Endlich holte er die Salatschüssel, das schöne Mädchen wurde zum dritten Langohr. Jetzt gab sich der Jüngling zu erkennen, band die Eselinnen zusammen und führte sie zum Müller, der sie mit Schlägen und Hunger bestrafen sollte. Die Hexe starb daran. Die Magd wurde milder bestraft. Das schöne Mädchen bekam gar keine Prügel, sondern Futter. Doch waren beide so traurig, daß der Müller meinte, sie müßten auch bald sterben. Da gab der Jäger ihnen den anderen Salat. Das schöne Mäd-

chen kniete vor ihm, gestand ihre Liebe und ihre Unschuld. Es wurde Hochzeit gefeiert, und sie lebten vergnügt bis an ihren Tod.
Ein bißchen Gier macht zum Tier.

Die Brennessel · Urtica urens, urtica dioica

»Amor urit me«, sagt Virgil. Die Liebe brennt mich, mich verzehrt die Liebe.
Sie brennt! Sie nesselt!
Urtica urens, die kleine Brennessel, die brennend Brennende, ist nicht ganz so häufig wie die große Brennessel, urtica dioica, die zweihäusige. Diözisch, getrennt sitzen männliche und weibliche Blüten auf verschiedenen Pflanzen derselben Art. Das soll vorkommen, nicht nur bei Brennesseln. In guter Nachbarschaft, der Nachkommen wegen. So gedeihen und umgeben seit Menschengedenken Brennesseln die Siedlungen unserer Vorfahren.
Das zweihäusige Gewächs hat auch zwei Gesichter. Vor seinen brennenden »Andenken« hüten sich Kinder und Leute, aber man läßt es leben. Es ist so anspruchslos, das sichert die Plätzchen und Plätze, auf Schutt und Müll. Ist etwas abgebrannt, ist zuerst die Brennessel wieder da, im Verein mit anderen Ruderalpflanzen. Am Rande der Landwirtschaft, aber mit den Wurzeln im stickstoffreichen Boden in Stallnähe, gedieh sie üppig. Solange sie klein und zart ist, wird sie gegessen. »Du hast Macht gegen Gift und Ansteckung«, sagte im 11. Jahrhundert ein »Neunkräutersegen« von ihr. Jahrhunderte lang wurde sie mit anderen Kräutern zusammen in Eierkuchen gebacken: frisches Grün nach langem Winter.
Unheimlich war die Pflanze, ein böser Dämon saß in ihr,

weil man nicht erkannte, was brannte. Ohne Warnung stach sie zu, zeigte keine Dornen, wie Distel und Rose, zeigte Blätter, fein behaart, harmlos. Eine Weile nachdem man an sie geraten, brannten rote Flecke. Nichts wußte man von Haaren mit verkieselten Spitzen, die abbrechen und das Juckmittel durch einen winzigen Einstich unter die Haut entlassen.

Donnernessel! Dunnernettel! Mit Donar zusammen bewahrt sie auch in christlicher Zeit, am Gründonnerstag gesammelt und auf dem Dachboden verwahrt, das Haus und die Ställe vor Blitzschlag. Man legt sie Eiern unter, damit der Donner sie nicht taub macht, und auf dem Rand des Bierbottichs schützt sie den Inhalt vor dem Sauerwerden. Desgleichen die Milch. Ein Gegenzauber für verhexte Bakterien, die in der Gewitterschwüle aktiv werden, um Eier, Milch, Käse und Bier zu verderben.

Eine Brennesselecke auf dem Acker, ein alter Besenstil darin, Wahrzeichen der Hexen, Mittel gegen Vögel und Raupen und zum Schutz der Saat. In der Walpurgisnacht schlägt man mit Brennesseln auf den Dunghaufen, das nimmt der Hexe die Macht übers Vieh. Agrarzauber.

Die Hexen ihrerseits treffen sich auf Kreuzwegen, pflücken die Nesseln für ihre Zaubertränke. Brennt der von der Nessel induzierte Liebesdurst, legt das Mädchen den »besprochenen« Nesselbusch auf die Türschwelle, wird dies Liebesorakel entscheiden, ob der »Richtige« hereinkommt. Kommt er nicht, steht die Brennessel als Sinnbild der hoffnungslosen, schmerzenden Liebe am Weg. Weibliche Eitelkeit braut einen Saft aus gekochten Brennesselsamen für ein schönes Gesicht.

»Nessel, ich klage dir, meine 77 Fieber plagen mich« ist eine der Formeln, unter der mit der Nessel manipuliert und geheilt wurde. Plinius hat bereits den Römern die

Wurzel der Herbstnessel als heilsam für das drei- und viertägige Fieber beschrieben. Unsere Kräuterbücher nennen den Wurzelsud ebenso fiebersenkend, dazu blutreinigend, ein Antirheumatikum und ein Diuretikum gegen Wassersucht. Die Volksmedizin, Ähnliches mit Ähnlichem heilend, ließ Nesseltee gegen Nesselsucht trinken. Das klassische »similia similibus curantur«, das Samuel Hahnemann am Ende des 18. Jahrhunderts als Begründer der Homöopathie auf sein Banner schrieb, war altbewährt. Auch wurde, in der sympathetischen Medizin, die Krankheit »verpflanzt«. Man heilte die Nesselsucht, indem man seinen Harn auf die Nessel goß. Die »Jungfernprobe« bestand das Mädchen auf dieselbe Weise: stirbt die Nessel, ist das Mädchen nicht mehr rein. Magie aber ist es, gegen Gebärmutterkrebs die Samen der Pflanze vor Sonnenaufgang in alle vier Himmelsrichtungen zu verstreuen.

Brenn – Nessel

Zwar sagen wir, es nesselt, wenn wir ein Brennen spüren, doch die Nessel kommt aus einem ganz anderen Zusammenhang. Das alte nazza, nezila, nezzel und netele mit dem Wortstamm ned meint zusammendrehen, knüpfen, ist auch im Nestel und im Netz.

Urtica dioica hat lange, stabile Fasern und ist eine uralte Gespinstpflanze. Albertus Magnus berichtet im 12. Jahrhundert, wie Nesseln zu Nesseltuch gemacht werden. Später gab es Versuche, Nesselgarnmanufakturen in Deutschland aufzubauen. Die hatte man in Frankreich, von dort kamen Gewebe für Wäsche und Kleidungsstücke. In Süddeutschland und in der Schweiz produzierte man vor allem Säcke und Netze. 1723 gab es in Leipzig die erste größere Fabrik für Nesselgewebe. Ein einfaches, etwas rauhes und nicht weiß gebleichtes Tuch heißt auch heute noch Nesseltuch, obwohl es längst aus Baumwolle gemacht wird.

Verknüpfen, verbinden, vernetzen

Im Märchen von der JUNGFRAU MALEEN sind die feinen Fäden Brennesselfasern, die Herz an Herz knüpfen.

Es war einmal ein König, der hatte einen Sohn, der warb um die Tochter eines mächtigen Königs, die hieß Jungfrau Maleen und war wunderschön. Weil sie diesen Königssohn liebte und sich ihm verlobt hatte, der Vater sie aber einem anderen geben wollte, den sie ausschlug, ließ er sie mit ihrer Kammerjungfer in einen Turm einmauern für sieben Jahre. Roh, ungesotten und ungebraten hatten die beiden Jungfrauen nach dieser Zeit in ihrer Not Brennesseln gegessen, die als einzige Nahrung in dem inzwischen verwüsteten Land wuchsen, das sie durchirrten. In einer fremden Stadt kamen sie endlich in der Schloßküche unter und durften als Aschenputtel dienen. Es war das Schloß, aus dem ihr Bräutigam einst kam und in dem er jetzt mit einer anderen, einer Häßlichen mit bösem Herzen, Hochzeit feiern sollte. Die schickte das schöne Aschenputtel an ihrer Stelle auf den Hochzeitsweg, damit der junge Königssohn ihre Häßlichkeit nicht sah. Unerkannt ging die Jungfrau Maleen neben ihrem Geliebten. Vor der Kirche stand ein Brennesselbusch und sie sagte: Brennettelbusch / Brennettelbusch so klene, / wat steist du hier allene? / Ik hef de Tyd geweten, / da hef ik dy ungesaden, / ungebraden eden. Sie hoffte, ihr Liebster würde sich erinnern. Aber erst in der Hochzeitsnacht erkennt er den Betrug und endlich seine richtige Braut. Da nimmt das Schicksal den gerechten Verlauf. Das Netzwerk der Nessel hat gewirkt! Elend wird mit ewigem Glück vergolten.

»Und die beeren haben vorzugsweise rothe farbe« steht in Grimms Wörterbuch.
Die Erdbeere ist der Prototyp einer roten, schönen Beere. Fragaria, die Duftende, heißt die Erdbeere, wenn die fragliche Ableitung aus fragrare, duften, gelten soll. Fragaria vesca, duftend und nährend, vom lateinischen vesci. Oder im Gegenteil, vom lateinischen vescus stammend, duftend und zehrend? Also die gute Beere schlechthin. Sie steht für Tugend und Laster.
Dem schönen Guten entspricht ihr Geschmack, und die Tatsache, daß sie zu den Rosengewächsen zählt, adelt die Pflanze. Eine bescheidene Adlige, doch höchst ausgezeichnet. Im Kloster Bathalla in Portugal liegt der Sohn Johanns I. von Portugal begraben, Don Juan. Erdbeeren zieren sein Grabmal, Sinnbild seiner Verehrung für Johannes den Täufer, der sich in der Wüste von Beeren und wilden Feldfrüchten ernährte. Ohne Kern und Schale ist die Frucht als Ganzes eßbar, ein Bild der Rechtschaffenheit und der guten Werke. Zum Symbol der Inkarnation Christi wird sie durch ihre weißen Blüten, die zugleich die Keuschheit Marias bedeuten. Ihre dreiteiligen Blätter symbolisieren die Dreifaltigkeit Gottes. Weil sie klein ist, wird sie auf vielen christlichen Altarbildern als Zeichen für Bescheidenheit und Unschuld gemalt. Sie wächst im Paradies neben Veilchen und Maßliebchen, den Inbildern der Demut, im Rasenteppich um die Jungfrau Maria und den ihr zugesellten Engeln und Heiligen. Da nährt die Pflanze Frömmigkeit und Glauben der Betrachter. Himmlische Liebe ist ihr Geheimnis, Tugend ihr Sinn.
Die Frucht zehrt, sie gerät zum Bild der Verlockung, zur Allegorie des Lasters der Leidenschaft und gesteigerter

Wollust. Der Maler Hieronymus Bosch zeigt in seinem »Garten der Lüste«, inmitten gieriger menschlicher Gestalten, die Riesenbeere, umschlungen von einem Menschlein, ein Insekt als Schopf auf dem Kopf. Es »verzehrt sich«, im Versuch sie zu verschlingen, wird nimmer satt. Davor gibt es eine Legende. Christus traf auf Erden ein Kind, das Erdbeeren in einem Körbchen verborgen hatte, und fragte, was darin sei. »Nichts«, log das Kind, und er sagte: »Dann soll es auch nichts sein«.

Nimmersatt, eitler Schein, Vergänglichkeit des Lebens, Vanitassymbol. Das alles kann der Botaniker später unter den Begriff Scheinbeere bringen: Sie hat keinen inneren Kern, sie ist keine echte Beere, ihre Früchte, kleinste »Nüßchen« sitzen auf der fleischigen Blütenachse, die wir essen. Mit Sahne, mit Genuß.

Den alten Göttern im Norden und den Waldgeistern dort wurden Erdbeeren geopfert. Freya bekam die Beere, lokkend, leuchtend, süß, schön und verführerisch, die ersten drei Früchte im Jahr, frei dargebracht in Sinnenfreude und Weltlust. In Süddeutschland erinnert ihr Name Brestling heute noch an die weibliche Brustwarze.

Volksmedizin und Aberglaube wirken zusammen, wenn es um die Kräfte der Pflanze geht, ihre Heilkraft und Bannkraft gegen Krankheiten und gegen böse Geister. Rote Beeren heilen rote Beulen, Frostbeulen, Gürtelrose. Das Monatsblut der Frau hört auf zu fließen, wenn sie die Beeren zertritt. Dem Mann hilft das Gewächs aufs Roß, der Frau unter den Boden. So wollen es Abwehrzauber und der Medizinmann. Für die Verstorbenen aber, vor allem die toten Kinder, sind die Beeren Seelenspeise. Deshalb läßt man sie auf der Erde liegen, wenn sie von ihren Stengeln gefallen sind.

Im Frühling, im Frühsommer blüht die Erdbeere und trägt

gleichzeitig Früchte. Sofort schickt sie auch ihre Ausläufer in die Nachbarschaft, an denen die kleinen Adventivpflänzchen sich einen Platz für die Wurzeln im Boden suchen. Dann ist sie überall.
Und wo ist sie im Märchen?

Bei den DREI MÄNNLEIN IM WALDE unter dem Schnee
Ein Witwer und eine Witwe hatten beide eine Tochter. Die

Witwe versprach dem Mann, wenn er sie heirate, solle seine Tochter sich mit Milch waschen und Wein trinken, ihre eigene dafür aber nur Wasser bekommen. Drei Tage nach der Hochzeit war es schon umgekehrt. Die Frau war ihrer lieben und schönen Stieftochter spinnefeind. An einem Wintertag schickte sie das Mädchen in einem Kleid aus Papier in den Wald, ein Körbchen Erdbeeren zu holen. Das Mädchen gehorchte und kam im verschneiten Wald an ein kleines Haus. Drei Haulermännchen wohnten darin, mit denen teilte es sein Stückchen Brot und sagte ihnen, was es im Wald suche. Kehre an der Hintertüre den Schnee weg, meinten sie und gaben dem Mädchen einen Besen. Solange es kehrte, berieten sie über Geschenke für das brave Kind. Daß es täglich schöner werde, sagte der erste, der zweite, daß ihm bei jedem Wort Goldstücke aus dem Mund fallen, und der dritte, daß es einen König zum Gemahl haben solle. Das Mädchen aber fegte den Schnee und fand darunter alles voll von roten Erdbeeren. Es füllte sein Körbchen, dankte den Männlein und lief nach Hause. Guten Abend, grüßte es, da fielen schon die Goldstücke, und während es erzählte, bedeckte sich der Stubenboden damit. Das Geld so hinzuwerfen! rief die neidische Stiefschwester und wollte selbst in den Wald. Die Mutter steckte sie in einen dicken Pelz, damit sie nicht erfror. Am Häuschen angekommen, ging sie ohne Gruß hinein zu den Männlein, setzte sich an den Ofen und aß ihren Kuchen alleine. Ei, kehrt euch selber, ich bin eure Magd nicht, sagte sie, als sie den Besen nehmen sollte, und ging ohne Erdbeeren weg. Dafür wünschten ihr die drei Männlein, daß sie jeden Tag häßlicher werde, Kröten bei jedem Wort ausspucke und eines unglücklichen Todes sterbe. Verdrossen kam sie heim und erzählte. Als die Kröten in die Stube sprangen, dachte sich die Frau für ihre Stieftochter eine böse Strafe aus. Das Mädchen mußte am gefrorenen Fluß in einem Eisloch Garn schlittern, aber der König kam vorüber, nahm es in seinem Wagen mit und machte es zu seiner Frau. Als nach einem Jahr ein Sohn geboren wurde, erfuhr das die Stiefmutter, und es gelang ihr, die eigene Tochter ins königliche Bett zu legen, die Königin aber in den Fluß zu werfen, wo sie als Ente wegschwamm. Zum Glück gab es einen Küchenjungen, der dem König half, dem Zauber ein Ende zu machen. Die bösen Frauen, Mutter und Tochter, wurden am Tauftag des Königskindes bestraft.

Der Wacholder · Juniperus communis

»Steh auf und iß!« so weckte der Engel den Propheten Elias, der vor dem König Israels durch die Wüste floh und, unter einem Wacholderbaum rastend, eingeschlafen war, bereit zu sterben. Elias ist nicht gestorben, zweimal standen unter dem Baum geröstetes Brot und eine Kanne Wasser, Wegstärkung für vierzig Tage und vierzig Nächte zu dem Berg, auf dem ihm Gott erscheinen wird.

Maria flieht mit dem Jesusknaben nach Ägypten vor den Verfolgern, die König Herodes ausschickte. Sie fand Zuflucht und konnte das Kind retten, verborgen unter den Zweigen eines Wacholders. Die Legende wird in Italien noch immer erzählt.

Bis heute hat »Iuniper«, wie der Baum in England heißt, in der Blumensprache des Landes die Bedeutung »protection«. Vögel, Insekten und kleine Waldtiere suchen und finden beim Wacholderbusch Schutz.

Der Wacholder, der Lebensbaum im Norden, hat viele Namen. Wechalter, weccolder, wechiltir, wekelter sind die

ältesten, frühe Abweichungen wie quecholder und rekolder gehören dazu, im Althochdeutschen fast immer zusammengesetzt mit beri, boum, dorn. Eine lange Litanei, die in den Volksnamen der Pflanze hörbar wird, von denen Marzell Hunderte gesammelt, geordnet, erklärt und viele gedeutet hat. Rekolder und Räukolder, es recken sich die Zweige schützend, die wilden Tiere vertreibt sein Rauch, die kleinen sind bei ihm sicher.

Wakalder sagt die Heilige Hildegard. Später gibt es die wachalderstaud. Wegholder liest man im Hortus Sanitatis 1485. Der Baum am Weg, im Dreißigjährigen Krieg von Soldaten als Wegweiser gepflanzt, eine Sage aus der Lüneburger Heide erzählt davon. Wachtelboom, Wachandel, dann Jachandel, Jochandel, Johannelbeeren, Juchandlastrauch. Was möchte Ernst Jandl dazu sagen?

Vom Reckholder zu Dreckholder. Vom Queckolder zum Quackelbusk. So verkommt das schöne mittelhochdeutsche quecholder, in dem das Wort queck steckt, das lebensfrisch bedeutet, im Gequackel.

Der Baum und die Vögel. Kranewitt: der Kranich und witu das Holz, Kranichholz also der Baum. Sie gehören zusammen, mit einer Tautologie bestätigt: kranwitpoum seit dem 9. Jahrhundert. Auch die Wachtel hört man singen Wachtelboom.

Wacholder, Macholder, Machandel!

Ohne weitere Ausschweifungen halten wir ein und sind beim Machandelbaum.

Ein Baum, grün auch im Winter, lebendig, wach! Ein Busch, wie eine Zypresse gewachsen. Ohne Zweifel ein magischer Baum, mit Kräften, die nicht nur der Natur zu entstammen schienen, bewachte er Schätze in der Erde. Irgendwo gibt es den Eingang zur Zwergenhöhle bei seinen Wurzeln, nicht zu finden unter den dichten Zweigen. Ist es die Wohnung der Riesen, die Höhle im Berg, vor der er Wache hält? Sieht man in der Sonne seinen Wipfel leuchten, steht der Baum in Flammen, wenn die Unterirdischen ihren Goldschatz sonnen. Der Schlüssel zum Reichtum ist unter dem Wacholderbusch vergraben. Der goldgelbe Blütenstaub, der Heidesegen, der Blütenrauch, der Gnadenregen bedeutet, man käme zum Schatz, wenn man mit einer Haselrute einen männlichen Wacholder schlägt. Dann fliegt der Pollen golden davon.

Es pfeffern und fitzeln die Bauern und Hirten mit den Wacholdergerten, das macht so potent wie reich. Was die Frauen betraf, hatte Hieronymus Bock ein Wörtlein zu sagen: »Zuletzt verführen sie die jungen huren, geben jenen Savebaum gepülvert oder darüber zu trinken, dadurch vil kinder verderbt werden.« Seit dem Altertum ist die Spezies aus dem Süden, Juniperus sabina, der Sadebaum als Abortivum wirksam.

Unter der Erde, bei den Wurzeln vieler Juniperusarten, haben bereits in der Antike die chtonischen Götter Saat und Fruchtbarkeit gehütet, aber auch die Toten um sich versammelt. Hermes, der Seelengeleiter, setzt Steine und Gräber als Wegzeichen. Demeter sucht ihre Tochter Persephone in der Unterwelt, wohin sie von Pluto entführt war. Mehr noch als an diese kann man an Apollon denken, den Gott der Reinheit und des Lichts, der mit seinem Pfeil die Pest schickt, sie aber auch heilt. Als Apotropäus wendet er jegliches Übel ab.

Das kleine weiße Kreuz, eigentlich nur drei verzahnte Nähte auf den dunkelblauen kugeligen Beerenzapfen, die wir Beeren nennen, bannt Beelzebub. Die starren Nadeln legen dem Teufel, der Hexe und dem Zauberer das Handwerk, und will man Hexen entlarven, macht man den Schemel aus Wacholderholz, worauf man die Frau bittet,

Platz zu nehmen, dann wird man schon sehen. Wurden Wacholderzweige verbrannt, stach der Rauch in die Nasen böser Geister, weg waren sie. Auch sprangen Herren und Knechte mit Weibern und Kindern in den »Rauchnächten« übers nachglimmende Feuer, »räucherten« sich und fühlten sich gefeit, geläutert und gesund. Beeren und Zweige sorgen für Reinheit. Selbst im Maschinenzeitalter gab man sie noch in die Dreschmaschine gegen den Bilwis, den Kobold, der das Getreide verdirbt, den Acker verwüstet.
Tatsächlich kann die Chemie Stoffe nachweisen, Halluzinogene, die Abwehrzauber glauben machten, Exorzismen möglich, und die schließlich die Zaubermedizin begründeten. Hieronymus Bock nennt den Weckolder mit seinen »Tugenden« ein »sonderlich Preservativom zur Zeit der Pest in Germania«. Für ihn waren es die natürlichen Reinigungskräfte, die bewahrten und heilten. Am Ende haben Wacholderbeeren als Gin die Engländer in Indien vor Malaria geschützt. Der Wacholderschnaps, der Genever der Niederländer, ist wohltätig nach jeder schweren Mahlzeit.
Wacholder und Holunder, sie haben viel gemeinsam, nicht nur den Digestiv aus ihren blauen Beeren, den Genever und den Sambuco. Ihre Namen werden »unverwandt« mit Holder zusammengebracht. Es gibt für die heiligen Sträucher den alten Spruch: Vor Holunder soll man den Hut ziehen und vor Wacholder die Knie beugen.
Ein steinernes Gnadenbild Mariae mit dem Kind wurde im Jahr 730 von oströmischen Bilderstürmern in Konstantinopel ins Wasser gestürzt. Es fiel auf einen Wacholder, der es zum Schwarzen Meer, in die Donau und gegen den Strom bis hinauf in die Gegend von Regensburg trug, wo der Strauch am Ufer hängenblieb und mit seiner Fracht geborgen wurde. Eine Wallfahrtskirche, für Maria erbaut, läßt

wunderbarerweise bis in die Gegenwart aus einer Wand Wacholderzweige wachsen.

»Liegt, wenn/ Es morgen wird/ Unterm Machandelbaum/
Der Zusammengfügte/
Mit glatter Haut/ Mit heilen Gliedern/ Die Augen voll/
Vom Morgenrot.«

So endet das Gedicht »Machandelbaum« von Marie Luise Kaschnitz.

Das Märchen VAN DEN MACHANDELBOOM. Eine junge Frau hatte sich im Winter unter dem Machandelbaum ein Kind gewünscht. Der Mond ging und kam, Leben regte sich im Baum. Nach dem fünften Mond duftete er, ihr Herz sprang vor Freude. Als der sechste Mond ging, wurde sie still, aber im siebten Mond aß sie die Beeren gierig, wurde traurig und krank. Der achte Mond war vorbei, da wollte sie unter dem Baum begraben werden, wenn sie stürbe. Als der neunte Mond vorbei war, brachte sie ihr Kind zur Welt, rot wie Blut und weiß wie Schnee, da starb sie vor Freude. Ihr Mann begrub sie unter dem Baum, weinte eine Zeit, und nach einer Weile nahm er sich eine andere Frau. Die bekam ein Mädchen, das erste Kind war ein kleiner Sohn. Den knuffte und puffte die Frau. Eines Tages will Marleneken, die Tochter, einen Apfel, will aber auch, daß der Bruder einen kriegt, denn sie hat ihn lieb. Da ist die Apfelkiste. Mit schwerem Deckel und eisernem Schloß. Den schlägt die Stiefmutter zu, als der Junge sich hineinbückt, den Apfel zu holen. Nun liegt der Kopf zwischen den roten Äpfeln. Sie macht dem Jungen den Kopf fest mit einem Halstuch, und setzt ihn mit einem Apfel in der Hand auf den Stuhl vor der Tür, damit will sie ihre Schuld von sich bringen. Geht in die Küche, rührt heißes Wasser im Topf, kommt Marleneken gelaufen: der Bruder draußen so weiß und stumm, hat ihr den Apfel nicht geben wollen. Gib ihm eine hinter die Ohren, sagt die Mutter. Das Mädchen tut's, der Kopf fällt herunter. Marleneken, was hast du getan, sagt die Mutter, aber schweig still, daß es kein Mensch merkt. Sie hackt das tote Kind in Stücke und kocht es sauer. Der Vater ißt das Gericht, will alles alleine essen, es schmeckt, wie wenn alles meins wär, sagt er. Die Knochen wirft er unter den Tisch. Marlenchen aber nimmt aus dem Schub ihr bestes Seidentuch, bindet Knochen und Beinchen hinein, weint und weint und legt das Bündel unter den Machandelbaum ins grüne Gras. Mit einemmal wird es ihr leicht, und sie hört auf zu weinen. Der Baum rührt sich, bewegt die Zweige, als freue er sich. Aus Nebel und Feuer steigt ein wunderschöner Vogel hoch in die Luft, fängt an zu singen und fliegt davon. Die Knochen unter dem Baum sind verschwunden. Der Vogel setzt sich auf das Dach des Goldschmieds und singt: Mein Mutter, die mich schlacht, / mein Vater der mich aß, / mein Schwester, das Marleneken, / sucht alle meine Beeneken, / bind't sie in ein seiden Tuch, / legts unter den Machandelbaum; / kiwitt, kiwitt, ach was für'n schöner Vogel bin ich! Das will der Goldschmied noch einmal hören, dafür bekommt der Vogel die goldene Kette. Auch auf dem Dach des Schusters singt er zweimal sein Lied, alle sollen es hören, erst dann kriegt er die roten Schuhe. Als er im Lindenbaum vor der Mühle sang und sang, legten nacheinander alle Müllerburschen die Arbeit hin und gaben ihm den Mühlstein. Den hatte er um den Hals, Schuhe und Kette in den Krallen, flog prächtig zum Haus seines Vaters. Sie saßen in der Stube, Vater, Mutter, Marleneken. Der Vater wurde froh, der Mutter wurde bang, Marleneken weinte. Auf dem Machandelbaum sang der Vogel, bis der Vater hinausging, da ließ er die goldene Kette herunterfallen, gerade um des Vaters Hals, und sang weiter. Nun wollte Marleneken auch hinaus, und sehen, ob sie etwas bekam, und die roten Schuhe fielen zu ihr hinunter, die zog sie an und sprang und tanzte. Nein, schrie die Frau und geriet noch mehr in Angst, hoffte, es würde ihr leichter und ging hinaus. Bratsch, warf ihr der Vogel den Mühlstein auf den Kopf, da war sie ganz zerschmettert. Mit dem Schlag stiegen Rauch und Flammen auf, dann stand der kleine Bruder da. Er nahm Vater und Marleneken bei der Hand. Froh und glücklich gingen sie ins Haus zum Tisch und aßen.

Die Hasel · Corylus avellana

Soviel Hoffnung im Frühling, wenn die noch unbelaubten Haseln blühen, wenn alles andere noch Holz ist! Unsere Vorfahren umheckten mit dem Strauch ihre Wohnstätten, von dem sie Schutz vor allem Bösen erwarteten, hatten die blühende, grüne Versprechung stets vor den Augen. Ob sie die Haselnüsse der Hecken ernteten oder in der freien Natur suchten und sammelten, das verraten die Nußschalen nicht, die man in ihren Siedlungen fand. Daß die Hasel nicht nur Nahrung, sondern eine uralte Zauberpflanze war, zeigen Funde aus germanischen Kultstätten an.
Thor, der Donnergott, dem die Hasel heilig war, ließ die Menschen im Norden glauben, sie schütze vor Schlangen, weil er selbst den Busch verschonte vor seinen Blitzen. Unsere Ansicht, daß die glatte Rinde ohne Borke, leicht benetzt, ein rechter Blitzableiter ist, erschüttert den alten Mythos nicht. Donars Kampf gegen die Midgardschlange und der Anblick der Blitze, die schlangengleich über den Himmel fahren, verbanden sich mit der Praxis, tatsächlich Schlangen mit der Gabel einer Haselrute zu fangen oder

sie mit der Rute selbst zu erschlagen, wie heute noch. Die Haselrute, biegsam und für alles Flechtwerk geeignet, war immer mehr als praktisch. Ihr Abwehrzauber gegen Vampire, Hexen, Geister und Teufel bewies und bewährte sich in allerlei rituellen Bräuchen. Der Bauer mit dem Haselstock war gefeit vor bösen Begegnungen, mit einer Haselrute unter dem Hemd erkannte er Hexen von Ferne. Mit einem Schlag der Gerte entzauberte er das Vieh, schützte es auch vorbeugend gegen Krankheiten. Ein Haselring um den Kübel bewahrte die Milch vor Diebstahl, die Butter geriet gut mit drei Haselnüssen im Butterfaß.

Ein Jahr mit vielen Nüssen war ein Jahr, in dem es viele Kinder gab, vor allem solche von jungen Leuten, die vor der Ehe schon »in die Haseln gingen«. Nicht nur zur Nußernte, vielmehr zum »liebeln«. Ein altes Volkslied vom Mädchen, das tanzen gehen wollte und von der »Frau Haselin« gewarnt wird, seinen Kranz nicht zu verlieren, ist in den Wind gesungen. Der Wert der Unschuld? Für Fausts Gretchen groß, ihr Verlust teuer mit dem Leben bezahlt. Doch das Symbol der Fruchtbarkeit, die Lebensrute, stand als eher unerwünschte Mahnung zu Zucht und Ordnung am Weg.

Die Rute! »Da kam und vertrieb mir das Faseln, der Vater mit biegsamen Haseln«, reimt Seume. Auch Abwesende konnten die Hiebe spüren, wenn man die Gerte am Karfreitag schnitt und damit im Geist auf einen einschlug, der es verdient hatte. Der Haselstab zum Strafen, der Zauberstab fürs Wünschen. Und nicht wenige hatten den »Wunsch«, im alten Wortsinn vom Inbegriff des Vollkommenen und Außerordentlichen, sowohl glücklich als auch reich zu sein mit Hilfe der Wünschelrute, der Gabel eines Haselzweigs, die zu goldenen Schätzen in der Erde den Weg zeigen sollte. An ihrer Tauglichkeit zum Auffinden von Wasseradern in der Erde hegten die Menschen lange

Zeit keinen Zweifel, und tatsächlich fanden die Rutengänger oft das erwünschte Wasser.

Mehr von Wesen und Macht des Baums erfährt man durch keltische Überlieferungen. Die »neun Haselsträucher der Dichtkunst« in der irisch-keltischen Mythologie trugen gleichzeitig Blüten und Früchte, das bedeutete Schönheit und Weisheit. Die Nüsse, Süße und Nahrung im harten Kern verschlossen, begabten mit Inspiration, mit Wissen von Wahrheit und dem Sinn aller Dinge zu allen Zeiten, und mit der Fähigkeit zur Poesie. Zweitausendjährige Druidenweisheit, durch die Lieder der Barden überliefert, gaben der Hasel ihren geheimnisvollen Zauber. Im Gesang von der »Schlacht der Bäume« ist die Hasel Schiedsrichter. In Gwions geheimnisvollem Rätsel hilft der Lachs im Teich des Wissens, der die vielen Haselnüsse im Bauch hat. Leckte der junge Barde den Finger, den er beim Braten des Fischs verbrannt hatte, von dem zu kosten der Oberdruide verbot: Schon war alles Wissen und die Kunst des Sängers in ihn gefahren.

Im irischen Baumalphabet ist die Hasel der neunte Buchstabe: coll. Nach neun Jahren trägt die Hasel die ersten Nüsse. Eine heilige Zahl für die Musen bei Iren und in der Antike. Neun aus drei mal drei, auch im irischen Wappen, dem Shamrock, symbolisiert durch das dreiblättrige Kleeblatt. Patrick, im 5. Jahrhundert vom Papst entsandt, das nördliche Volk zu christianisieren, später heilig gesprochen und immer noch Schutzheiliger der Iren, machte mit dem Kleeblatt die Dreieinigkeit Gottes verständlich. Um die Versuchung aus der »grünen Insel« zu verbannen, soll er sich der Haselsträucher bedient haben, die Unglauben und Schlangen vertrieben.

Warum? darum!

Im Märchen DIE HASELRUTE wollte Maria dem schlafenden Christkind Erdbeeren holen. Sie fand im Wald einen Platz mit Beeren, doch wie sie sich bückte, sprang eine Natter vor ihr auf und verfolgte sie. Maria verbarg sich hinter einem Haselstrauch, bis die Schlange sich wieder verkrochen hatte und sie die Erdbeeren für ihr Kind pflücken konnte. Auf dem Heimweg versprach sie, daß die Haselstaude auch in Zukunft anderen Menschen denselben Schutz bieten solle.

Beschützt, beglückt

ASCHENPUTTEL, von der Stiefmutter und ihren Töchtern zur Küchenmagd gemacht, im grauen Kittel verspottet und zur Arbeit angetrieben, wünschte sich nicht schöne Kleider, Perlen und Edelsteine wie die Stiefschwestern, als der Vater auf die Reise ging. Das erste Reis vom Haselbusch, das auf dem Heimweg an seinen Hut stößt, sollte er ihr bringen. Er brachte es mit, es hatte ihm sogar den Hut vom Kopf gestoßen. Sie pflanzte es auf das Grab der Mutter, begoß es mit Tränen, so daß ein schöner Baum daraus wuchs, und wenn sie da war, flog ein Vogel auf den Haselbaum, der erfüllte ihre Wünsche. Als der König zur Brautschau im Schloß einlud, half sie, die Schwestern fein zu machen für das Fest. Sie selbst mußte Linsen aus der Asche lesen. Täubchen halfen dabei, und schnell war sie fertig, auch als die Stiefmutter eine zweite Schüssel ausschüttete. Doch weil sie kein Kleid hatte, durfte sie nicht mit. Als alle weg waren, lief Aschenputtel unter die Hasel und rief: Bäumchen rüttel dich und schüttel dich, wirf Gold und Silber über mich. Der Vogel warf ihr Kleid und Pantoffeln aus Gold und Silber herunter. Drei Abende war sie die Schönste, und der Königssohn tanzte nur mit ihr. Jedesmal entkam sie unerkannt, legte die Kleider unter den Haselbaum, saß im grauen Kittel bei der Asche. Am dritten Abend ließ der Königssohn Pech auf die Treppe streichen, daran blieb der goldene Schuh hängen, den nahm er und ließ ihn die Schwestern probieren. Sie opferten Zehen und Ferse. Rucke di guck, Blut ist im Schuck, der Schuck ist zu klein, die rechte Braut sitzt noch daheim, riefen die Täubchen im Haselbaum auf dem Grab, als der Königssohn mit einer nach der andern aufs Schloß reiten wollte. Endlich mußte Aschenputtel gerufen werden. Der Schuh paßte, ihr Gesicht war dem Königssohn bekannt, die rechte Braut gefunden. Die Schwestern verloren ihr Gesicht und waren blind, die Täubchen hatten ihnen die Augen ausgehackt.

Zutraulich und sicher

ROTKÄPPCHEN, fragt der Wolf, wo wohnt deine Großmutter? Unter den drei großen Eichbäumen, da steht ihr Haus, unten sind die Nußhecken, das wirst du ja wissen, sagte Rotkäppchen.

Einfach draufgehauen

Am Ende des Märchens DER RANZEN, DAS HÜTLEIN UND DAS HÖRNLEIN spielen Haselgerten eine Rolle. Der jüngste Bruder kehrte nach Hause zurück, wo die beiden anderen in Saus und Braus lebten und ihn in seinem schäbigen Rock nicht anerkennen wollten. Er klopfte auf seinen Ranzen, und bald erschienen seine Hilfstruppen, standen in Reih und Glied. Zwei von ihnen hieben mit Haselgerten auf die Brüder ein, daß der Lärm bis zum König drang. Der schickte seine Leute, da drehte der junge Mann sein Hütlein auf dem Kopf, schweres Geschütz fing an zu donnern. Muß ist eine harte Nuß, sagt der König, als der Jüngling die Königstochter zur Frau verlangt, und gibt sie ihm.

BRUDER LUSTIG, nach einem großen Krieg als Soldat abgedankt, wird auf seiner langen Wanderschaft erst reich, dann arm, kann aber noch wünschen. Er schenkt zwei Handwerksburschen eine herbeigewünschte gebratene Gans, die gehen damit ins Wirtshaus. Der Wirt sieht, daß sie in seiner Ofenröhre fehlt. Gleich bezahlt ihr, oder ich will euch mit grünem Haselsaft waschen, schrie der Wirt. Als sie das nicht konnten, prügelte er sie mit dem Haselstock zur Tür hinaus.

Die Walnuß · Juglans regia

Die Wahlen, Wälschen oder Welschen, waren in Germanien die Leute aus dem romanischen Süden, Franzosen und Italiener. Von ihrer Heimat hatten die Römer vor fast zweitausend Jahren den Baum mitgebracht, dessen »wälsche Nüsse«, sich nicht nur namentlich von den uralt einheimischen Haselnüssen unterschieden. Die Walnuß kam als Nuß der Wahlen. Jovis glans, Jupiters Eichel, der Wetter- und Gewittergott, Jupiter tonans, gibt der königlichen Nuß seinen Namen: juglans regia. Das leuchtete den Völkern im Norden blitzartig ein, und da Donar in ihrer Mythologie Jupiters Rolle spielte, waren sie nicht verlegen, ihr eigenes Symbol der Fruchtbarkeit, den Hammer Donars, in der erotischen Gewitteratmosphäre dem Mann und seinem mit der Eichel gekrönten Penis gleichzusetzen.

Nüsse im alten Rom, dem Brautpaar geschenkt, für die Gäste ausgestreut, wenn das junge Paar ins Brautgemach verschwand. Sie schützten die Neuvermählten, gaben Jupiters Segen zur Ehe. Plinius sah in der doppelten Hülle, der grünen, weichen Fruchtschale um die braune, harte Samenschale ein Symbol für die kommende Leibesfrucht der jungen Frau. Daß die Nüsse, auf den Boden geworfen, lustig hochsprangen, steigerte die Freude am Fest, ein Brauch, den die Griechen übernahmen und der in Griechenland immer noch lebendig ist.

»An ihren Früchten sollt ihr sie erkennen«, heißt es bei Matthäus. Für botanische Systematiker neben einer großen Hilfe eine erschwerende Spielregel, denn die Früchte ihrer Erkenntnis reifen mit Bedacht. Sie sehen so aus, daß die Frucht von Eiche und Hasel eine Nuß ist, die Walnuß dagegen sei eine Steinfrucht, und zwar eine saftige, wie die Olive und der Holunder. Diese Feinheiten waren noch nicht bekannt, als man anfing, Nüsse zu knacken.

Der frühe Name der Walnuß in Deutschland ist nux gallica, sie hatte den Umweg über Gallien genommen. Die Baumnuß, das war das Neue, längst wuchs die Haselnuß am Strauch. Den nucleus, den Kern haben beide in ihrer Schale. Das ist der Samen, das Leben.

Der Baum, der herauswächst, ist nicht ganz geheuer. In Benevent im Appenin trafen sich unter einem Nußbaum alle Hexen Italiens. Daß die Teufel auf den Blättern der Nußbäume wohnen, glaubten auch die alten Rabbiner und warnten davor, darunter einzuschlafen. Im Schatten des Nußbaums versammeln sich böse Geister. Selbst das Erdreich wird unfruchtbar: »So weit die Blätter vom Nußbaum fallen, taugt der Boden nichts«, heißt es im Volksmund. Daß man unter ihm sicher ist vor den sommerlichen Quälgeistern, Mücken oder Schnaken, das danken wir ihm. Aber kein anderer Baum kommt neben ihm hoch, sogar die Kräuter, die unter ihm wachsen, schaden dem Vieh. Isidorus, Bischof von Sevilla, leitet nux ab vom lateinischen noxius, schädlich. »Noce nuoce«, die Nuß schadet, ist in Sizilien eine Redensart und auch bei uns lange Zeit Volksmeinung gewesen. Den Esel, die Frau und den Nußbaum muß man prügeln, damit sie etwas taugen sollen, meinen Südländer und Slawen. Eine Kopfnuß straft und rückt den unartigen Kopf zurecht.

Aufgeladen mit erotischer Bedeutung, gab der Baum dem Aberglauben Nahrung. Will eine Jungfer einen Mann, wirft sie Stecken in die Baumkrone. Bleibt einer hängen, wird sie bald Braut. Schlagen, bengeln, mit Stangen Nüsse ernten, auch die Fruchtbarkeit des Baums anregen durch Stockstreiche! Nicht zufällig hat das germanische Wort hnuti, Schlag, Stoß dieselbe Wurzel wie die nusz, die vom Baum geschlagene oder die aufgeschlagene Frucht. Ein Jahr, in dem es viele Nüsse gibt, bringt auch eine Menge unehelicher Kinder, »Kinder der Liebe« ans Licht der Welt.

Nach altem Volksbrauch ließen Liebespaare in der Heiligen Nacht zwei Nußschalen in einer Schüssel mit Wasser schwimmen und hofften auf einen Zusammenstoß, dann war die Heirat sicher. Den Kern haben sie gemeinsam gegessen.

Wunderbare, berühmte Nußbäume gibt es, die lange kahl stehen, bis in den Sommer, erst am Johannistag treiben sie, blühen gleichzeitig und zeigen auch schon die ersten Früchte. Noch wunderbarer ist der Glaube, das geschähe in der Christnacht. Tiefsinnig hat man die Weihnachtsnüsse betrachtet, und schon am Heiligen Abend das ganze Leben Jesu bedacht. Da entdeckte man den winzigen Keimling, den Embryo zwischen den Keimblättern, die ihn und uns als Nußkern nähren. Der Fromme sieht darin den Nagel, der bei Christi Passion übrig blieb, nicht ins Kreuz geschlagen wurde und daher Kreuznagel, Herrgottnagel, Jesusnagel heißt. Der Abergläubische legt ihn in den Schuh und stolpert fortan nicht. Marschiert einer mit dem Herrgottsnagel hinaus und ist arm und stolpert doch, macht er auf der Stelle einen reichen Fund. Die Kinder finden in ihren Schuhen einen Taler, wenn sie den Kreuznagel, das »Herzchen«, abends hineingelegt haben. Das bringt Glück, das Kreuz wehrt Dämonen, den Teufel und alles Böse ab.

Mitunter ist sie taub, die Nuß, so daß Luther über seine Zeitgenossen sagen kann: »da ist dann alles aus und bleibt weder Liebe noch Glaube ... sondern lauter Hülsen und taube Nüsse, die wohl den Namen der Christen behalten, aber den Kern verlieren«. Der Kopf ist leer und dumm, der Geist ist schwach.

Auf dem Nußberg

Die Nüsse sind reif geworden, sprach Hähnchen zum Hühnchen im Märchen DAS LUMPENGESINDEL. Sie streiten, weil Hähnchen den Wagen aus Nußschalen nicht ziehen will. Sie hatten sich auf dem Nußberg ja nur eine Lust miteinander machen wollen. Eine Ente läßt sich vorspannen, und auf geht's. Stecknadel und Nähnadel dürfen als magere Leute mitfahren. In der Nacht prassen sie bei einem Wirt, stecken frühmorgens die Nadeln in Handtuch und Sesselkissen, daß der Wirt sich das Gesicht zerkratzt und sich in die Stecknadel setzt. Da waren sie längst davongeflogen und weggeschwommen. Der Wirt aber schwor, kein Lumpengesindel mehr ins Haus zu nehmen, das viel verzehrt, nichts bezahlt und einen zum Dank sticht.

VON DEM TODE DES HÜHNCHENS. Noch einmal sind Hähnchen und Hühnchen auf dem Nußberg. Hühnchen will einen riesengroßen Nußkern alleine essen. Als der im Hals stecken bleibt, schreit es: Hähnchen, lauf was du kannst, hol Wasser, ich ersticke! Hähnchen lief, erzählte dem Brunnen, daß Hühnchen auf dem Nußberg ohne Wasser am Nußkern ersticken muß. Der Brunnen schickt es zur Braut um rote Seide, die will zuerst ihr Kränzlein haben vom Weidenast. Das Hähnchen rennt und holt und bringt Kränzlein, rote Seide und endlich Wasser. Doch da ist Hühnchen erstickt und tot. Ein trauriger Begräbniszug setzt sich in Bewegung, an dem alle Tiere teilnehmen auf dem kleinen Wagen, den die Mäuse gebaut hatten. Sie fielen alle ins Wasser, Hähnchen begrub Hühnchen allein und grämte sich darüber zu Tode.

Der rettende Nußbaum
Vom Nachtwind erhält die Königstochter eine Nuß im Märchen DAS SINGENDE, SPRINGENDE LÖWENECKERCHEN. Auf dem Flug mit ihrem Geliebten über das rote Meer soll sie die Nuß herabfallen lassen, dann wird ein großer Nußbaum aus dem Wasser wachsen, sagt der Wind. Auf dem können sie rasten mit dem Vogel Greif, der sie trägt, wenn aber sie vergißt, die Nuß fallen zu lassen, warnt der Wind, kann der Vogel sich nicht ausruhen und läßt sie mit ihrem Geliebten ins Meer fallen. Zuerst kommt alles ganz anders, doch die Königstochter vergißt den Nachtwind am Ende nicht. Der Vogel Greif ruht sich auf dem Nußbaum aus und bringt die beiden nach Haus zu ihrem Kind.

Vom Nüsse essen
BRÜDERCHEN UND SCHWESTERCHEN lebten in dem kleinen Haus im Wald. Das Brüderchen war an der dritten Quelle, aus der es getrunken hatte, in ein Reh verzaubert worden. Schwesterchen sammelte sich Wurzeln, Beeren und Nüsse, und für das Rehchen das zarteste Gras.

HÄNSEL UND GRETEL waren im Knusperhäuschen angekommen und die Alte, die böse Hexe, trug ein gutes Essen auf. Milch und Pfannkuchen mit Zucker, Äpfel und Nüsse.

Vom Nüsse knacken

Im Märchen VOM KLUGEN SCHNEIDERLEIN bestand der kleinste und jüngste von drei Schneidern die Prüfung als Bewerber um die Königstochter im Schloß. Sie will ihn nicht und verlangt, daß er eine Nacht mit dem Bären überleben müsse, bevor sie ihn heirate. Am Abend will der Bär auf ihn los. Sachte, sachte, sagt das Schneiderlein, und holt welsche Nüsse aus der Tasche, knackt sie mit den Zähnen und läßt sich die Kerne schmecken. Der Bär, auch gelüstig auf Nüsse, bekommt Wackersteine. Der Schneider verlacht das Großmaul, spielt ihm zum Tanz auf, sperrt die Bärentatzen in einen Schraubstock. Die Prinzessin findet ihn am Morgen munter vor dem Stall mit dem gefangenen Bären. Auf der Fahrt in die Kirche verfolgt der Bär das Paar, das Schneiderlein steckt die Beine zum Fenster der Kutsche hinaus und zeigt so dem Verfolger den Schraubstock. Der Bär läuft davon, die Kirche wird erreicht und die Prinzessin mit dem Helden getraut.

Vom Glück im Kleid aus der Nußschale

ALLERLEIRAUH flieht vor dem König, ihrem Vater, der sie zur Frau nehmen will, was Gott verboten hat. In einer Nußschale nahm sie drei Kleider mit, golden wie die Sonne, silbern wie der Mond und glänzend wie die Sterne, so fein gewebt, daß sie darin Platz hatten. In eines andern Königs Schloß wurde das Mädchen im Flickenmantel aus Pelz zur Küchenmagd, mit Namen Allerleirauh. Dreimal erlaubte ihr der Koch, eine halbe Stunde vor der Tür zuzuschauen, wie im Schloß ein Fest gefeiert wurde. Jedesmal holte sie eines der Kleider aus der Nuß und ging hinein und war die Schönste. Der König tanzte mit ihr, nach dem Tanz war sie verschwunden, zum Herd zurück. Die Suppe, die sie für den König kochte, war besser als die des Kochs. Auf dem dritten Fest, im Sternenkleid, konnte der König sie festhalten.

DE BEIDEN KÜNIGESKINNER, die jüngste Tochter des Zauberkönigs und der junge Königssohn, der in dessen Gewalt geraten war, laufen miteinander davon. Zuerst verfolgt sie der Vater, dann die Mutter. Das Mädchen kann auch zaubern, rettet sich und ihren Liebsten jedesmal. Die Mutter gibt auf und schenkt der Tochter drei Nüsse zum Abschied, die ihr aus höchster Not helfen können. Die Königskinder kommen an das Schloß, aus dem der Königssohn stammt. Er will zuerst allein hingehen, und das Mädchen soll warten, bis er sie in der Kutsche abholt. Im Schloß herrscht große Freude, doch als der Sohn in die Kutsche steigt, gibt ihm seine Mutter einen Kuß, der läßt ihn die Braut vergessen. Dem armen Mädchen geht es schlecht, sie muß in der Mühle arbeiten, und ihr Bräutigam erkennt sie nicht, wenn er dort vorbeikommt. Als er mit einer andern Hochzeit hält, öffnet sie die erste Nuß, stellt sich im Kleid, das darin war, neben den Altar. Die andere will das Kleid, nicht den Mann. Zweimal gibt sie eine Nacht mit dem Bräutigam dafür hin. Nach der dritten Nacht holt die wahre Braut das schönste Kleid aus der Walnuß, ihr Geliebter erkennt sie, und sie fahren zusammen zur Kirche.

Kleider aus der Nußschale helfen der Küchenmagd und der vergessenen Braut sich zu entpuppen. Sie erscheinen im feinsten Kleid als Imago, als Bild, so daß sie vom Geliebten gesehen und als die seine erkannt werden.

»so daz ir brüste sinewel/ alsam zwei kügellin gedrat/ ... als ob zwen epfel wünneclich/ ir waeren dar gestecket.« So schreibt Konrad von Würzburg im 13. Jahrhundert in der Sprache der Poesie.

O Pomona, Göttin der runden, reifen Früchte! In ihrem Füllhorn liegt pomum, das Obst, der Apfel. Eine Kugel, die ideale Form, den reichsten Inhalt einzuschließen im kleinstmöglichsten Raum, das ist Vollkommenheit. Auf dem ausgebreiteten Reichtum der großen Erdkugel, dem Globus, zeigt sich Fortuna, mit einem anderen Füllhorn, als Göttin des Glücks. Sie brüsten sich beide mit ihren runden Busen, mit Apfelwangen, Apfelbäckchen im Gesicht und hinterrücks. Die schöne Venus steigt aus dem Meer, strahlt am Abendhimmel, auch sie ist dem Apfel hold.

Schönheit! Ihr Symbol ist der Apfel auch in Griechenland. Dort geht er von Hand zu Hand. Eris hat ihn mitgebracht, die Göttin der Zwietracht und Schwester des Kriegsgottes Ares. Man hat sie zu einer großen Hochzeit nicht geladen, da warf sie den Apfel mit der Aufschrift »Der Schönsten« zwischen die Hochzeitsgäste. Wer ist es? Drei Göttinnen streiten sich, und Paris soll entscheiden. Da steht er mit Hera, Athene und Aphrodite, der Göttin der Schönheit, zusammen. Zwei versprechen ihm Herrschaft und Reichtum, Weisheit und Kriegsruhm, er aber reicht den Apfel Aphrodite, von der er Helena, das schönste Weib, zur Ehe bekommen soll. Das Urteil des Paris in fabelhaften Bildern unserer Museen zeigt, was ein Zankapfel ist. Und der Trojanische Krieg folgt gewiß.

In der Schöpfungsgeschichte der Bibel sucht man den Apfelbaum vergebens. Moses schreibt nur vom Baum der Erkenntnis des Guten und des Bösen: »denn welches Tages du davon issest, wirst du des Todes sterben«. Das Weib fand, daß »es ein lustiger Baum wäre, weil er klug machte«, und sie aß und gab ihrem Mann davon, »und er aß«. Damit »wurden ihrer beider Augen aufgetan«, und die Folgen tragen alle Menschen.

Die Edda berichtet von den Äpfeln der Göttin Idun, die niemand berühren durfte. Nur die nordischen Götter aßen davon, für ewige Jugend und Unsterblichkeit. Einer von ihnen, Freyr, ließ mit einem Apfel um seine Geliebte Gerd werben. Ein Bildnis seiner Schwester Freya oder Frigg in Magdeburg, die Göttin mit einem Myrtenkranz auf dem Haupt, in der rechten Hand die Erdkugel, in der linken drei Äpfel, wurde durch Karl den Großen zerstört. Er wollte kein heidnisches Denkmal. Doch dem Globus ein christliches Kreuz aufzuschmieden und damit diesen Apfel fromm zu machen, war erst den Staufern vorbehalten. Damit wurde der römische Reichsapfel zum goldenen Krönungskleinod und späteren Insignum des »Heiligen Römischen Reiches Deutscher Nation«.

Pomum, der Apfel und Malus, der Apfelbaum, so stehen sie im deutschen Wörterbuch der Brüder Grimm, der Baum und seine Frucht. Dem kann man folgen. Malus, dem das gotische smals, das althochdeutsche smal, klein, gering entsprechen, malus also heißt schlecht und böse im moralischen Sinn, aber auch schädlich und verderblich. Das Verderben war groß nach dem Sündenfall, doch die Klugheit hatten die Menschen gewonnen, und so machten sie sich im Schweiße ihres Angesichts inspiriert an die Arbeit. Im Laufe der Zeit veredelten sie die Bäume. Der Hauch, der Duft, der Wohlgeschmack der Äpfel war ihr Lohn. Immer mehr wurde die Erde zum Versuchsfeld für ein neues Paradies. Wohlstand verkehrt die Mühsal in ihr Gegenteil, in Arbeitsfreude; am Feierabend, am Feiertag pflegen die Müßigen Gärten, malen Bilder, bilden schöne Gegenstände, erleben sich manchmal als Schöpfer.
Apfel, althochdeutsch aphul, aphol, im Plural epfili kommt von einem Wort aus der Urzeit. Es sei »in nordwestlicher Linie in ganz Europa vom Balkan bis Irland, in einer Form verbreitet, die in den meisten Sprachen wie Apol klingt«, schreibt Ranke-Graves. Die Verwandtschaft der Worte Obst und Apfel aufzuklären ist ein Meisterwerk der Etymologie. Pomum, das Obst, bleibt bei den Franzosen pomme, der Apfel. Ein Apfelgarten ist ein Garten überhaupt, ein pomarium, ein pometum. Die Barden der Kelten im Norden berichten von ihrem gälischen Elysium Avalon, der geheimen Insel der Apfelbäume. Sie bot König Arthur Zuflucht, um seine schweren Wunden zu heilen. Dort ist das Land der ewigen Jugend, der Weisheit, der Vollendung ohne den Tod. Und doch enthält der Apfelkern Cyanid.
Ist der Name uralt, so ist es auch der Baum. Das erklärt den großen Aberglauben, der sich an Baum und Frucht

knüpft. Bräuche wie der, zwei Äste dem Baumgeist zu opfern, oder die erste Tracht nicht zu pflücken, weil der Baum nie wieder trägt, wenn die Äpfel nicht im Gras liegen, sterben lange nicht aus, auch wenn niemand mehr an Baumgeister glaubt. Alte Hochzeitsbräuche und Liebesorakel gibt es, viele davon sind mit dem Weihnachtsapfel verknüpft, seit die heidnischen »Heiligen zwölf Nächte« christlich geworden sind. Jetzt hängen die Äpfel am Weihnachtsbaum. Es sind die Früchte von einem Rosengewächs, ein Zusammenhang, den die Botanik unabsichtlich herstellt zu dem Lied »Es ist ein Ros' entsprungen«. Maria sieht man in der Malerei mit dem kleinen Jesusknaben, der einen Apfel, die Welt hält.

»Ab ovo usque ad malum, von der Suppe bis zum Konfekt«, steht im lateinischen Wörterbuch. Vom Ei bis zum Apfel, vom Anfang bis zur Vollendung.

Der Apfel vom Baum des Lebens

Im Märchen DIE WEISSE SCHLANGE war die letzte, zusätzliche Aufgabe, die das stolze Herz der Königstochter von dem Jüngling verlangte, ihr einen Apfel vom Baum des Lebens zu bringen. Die dankbaren Raben, die er errettet hatte, halfen ihm dabei, brachten den Apfel. Damit waren alle Bedingungen erfüllt, die Königstochter gab ihm ihre Hand und schließlich auch ihr Herz.

DER KÖNIGSSOHN, DER SICH VOR NICHTS FÜRCHTET, soll den Apfel vom Baum des Lebens für die Braut des Riesen holen. Der Riese warnt, der Baum im Garten sei bewacht, der Garten verschlossen, der Apfel durch einen Ring gesichert. Der Königssohn kennt sein Glück, findet den Garten, Baum und Apfel. Er bricht ihn ab, der Ring bleibt an seinem Arm, verleiht ihm unbändige Kräfte. Der Riese bekommt den Apfel, gibt ihn der Braut, die fragt nach dem

Ring, weiß, daß den Apfel ein anderer geholt haben muß, der auch den Ring hat. Das Märchen hat zum guten Ende eine Flasche mit dem Wasser des Lebens bereit.

Goldene Äpfel, gezählt

DER GOLDENE VOGEL holte jede Nacht einen der goldenen Äpfel vom Baum im Lustgarten des Königs. Der jüngste seiner drei Söhne sah ihn dabei, schoß einen Pfeil ab, eine goldene Feder fiel herunter. Die Räte meinten, sie sei mehr wert als das ganze Reich. Nun sollte der Älteste den Vogel fangen, hörte nicht auf einen Fuchs, schoß auf ihn, traf nicht, und vergaß Vater, Vogel und gute Lehren. Der zweite machte es nicht besser. Der Jüngste war freundlich zum Fuchs, der ihn auf gestrecktem Schwanz, schnell wie der Wind, zu dem Schloß trug, wo der goldene Vogel im hölzernen Käfig hing und die goldenen Äpfel in der Stube umherlagen. So beginnt die lange Geschichte, der Jüngling erringt Vogel und Pferd aus Gold, auch die Jungfrau aus dem goldenen Schloß, bis er schließlich im Fuchs den Bruder der Braut erlöst.

Nicht jeder kann sie pflücken, die goldenen Äpfel

EINÄUGLEIN, ZWEIÄUGLEIN UND DREIÄUGLEIN sind Schwestern. Zweiäuglein wird verachtet, ist normal, nichts Besonderes, hütet die Ziege und weint. Eine weise Frau sagt ihr das Sprüchlein, Zicklein meck/ Tischlein deck. Ein Tischlein steht da, an dem sie sich satt essen kann. Zu Hause hat sie keinen Hunger. Das erregt Verdacht, sie wird belauscht, die Ziege geschlachtet. Wieder weint Zweiäuglein, die weise Frau rät, die Eingeweide der Ziege zu begraben. Ein Baum mit goldenen Blättern und Früchten wächst daraus. Niemand außer Zweiäuglein kann die Äpfel pflükken. Einmal kommt ein junger Ritter, Zweiäuglein muß in

ein Faß kriechen, er soll sie nicht sehen. Den Baum sieht er und möchte einen Zweig. Die Schwestern können keinen brechen. Da rollt Zweiäuglein goldene Äpfel unter dem Faß hervor. Der Ritter fragt, sie kommt heraus, ist wunderschön, bricht einen Zweig und wird auf sein Pferd gehoben. Fort reiten sie zu seinem Vater. Mit großer Freude wird auf dem Schloß Hochzeit gehalten, und eines Tages steht der Baum vor Zweiäugleins Fenster. Als es den Schwestern schlecht ging, kamen sie auf das Schloß um Almosen, wurden freundlich empfangen. Das Verzeihen ging dem Bereuen voraus.

Mehr wert als Gold
DER EISENHANS wird von seinem Schützling, dem Gärtnerjungen mit den goldenen Haaren gerufen. Was willst du? fragt er. Daß ich den goldenen Apfel der Königstochter fange. Das geschah an drei Tagen. Dreimal jagte der Junge mit einem Apfel davon. Zuletzt fiel ihm der Helm vom Kopf, die goldenen Haare wurden sichtbar. Die Königstochter dachte nach, fragte den Gärtner, was mit dem Jungen sei. Der hatte die drei goldenen Äpfel an die Gärtnerskinder verschenkt. Sie verstand. Er wurde gerufen, hatte wieder sein Hütchen auf, wie damals, als er ihr die Feldblumen brachte. Jetzt wird seine Herkunft aufgeklärt, die Hochzeit gefeiert.

Goldene Äpfel auf dem Weg, eine Königstochter zu gewinnen
Im Märchen DER TEUFEL MIT DEN DREI GOLDENEN HAAREN erfährt das Glückskind auf langen Umwegen vom Teufel selbst, warum der Baum, der goldene Äpfel trug, nicht einmal mehr Blätter treibe. An der Wurzel nagt eine Maus, wenn sie die töten, wird er schon wieder goldene Blätter tragen. Andernfalls wird er verdorren.

Gesunde Äpfel für eine kranke Königstochter
Das Märchen DER VOGEL GREIF läßt den dritten Sohn eines Bauern mit einem Korb voll Äpfel sein Glück machen und trotz immer neuer Fallstricke die Prinzessin heiraten und zum König werden.

Stiefmütter
Aus dem MÄRCHEN VAN DEN MACHANDELBOOM. Blut tropfte in den Schnee, als die junge Frau am Baum stand im Winter, einen Apfel schälte und sich dabei in den Finger schnitt. Das Kind, das sie sich wünschte, weiß wie Schnee und rot

wie Blut, kam zur Welt, da starb sie. Es war ein Knabe. Der Vater nahm wieder eine Frau. Sie bekam eine Tochter, Marleneken, die liebte ihr Brüderchen, aber ihre Mutter konnte es nicht leiden. Marleneken wollte einmal einen Apfel aus der Kiste, aber weil sie auch für den Bruder um einen bat, wurde er ihr weggenommen. Als dann der Bruder selbst in die Apfelkiste greifen und einen herausholen sollte, da schlug die Stiefmutter den Deckel zu, der Kopf fiel zu den Äpfeln. Mit einem Halstuch band sie den Kopf fest, setzte das tote Kind vors Haus und gab ihm einen Apfel in die Hand. Das Schwesterchen kam, fragte, ob es den Apfel haben könne, aber der Bub rührte sich nicht. Erschrocken ging es zur Mutter, die riet Marleneken, ihn zu ohrfeigen, da fiel der Kopf herunter. Das Mädchen glaubte, es sei schuldig und konnte sich nicht trösten. Was dann geschah, ist beim Wacholder zu lesen.

Aus dem Märchen vom SNEEWITTCHEN. Die Königin nähte, sah hinaus in die Schneeflocken, stach sich, und drei Tropfen Blut fielen in den Schnee! Der Fensterrahmen war schwarzes Ebenholz. »Schneewittchen« nannte sie das erwünschte Kind. Als es geboren war, starb die Königin. Der König nahm eine neue Gemahlin. Sie gab Schneewittchen die giftige Hälfte des Apfels. Der Prinz nahm das schöne tote Mädchen im gläsernen Sarg mit sich. Diener trugen ihn auf den Schultern. Als einer stolperte, fuhr der Apfelgrütz, den sie verschluckt hatte, aus dem Hals. Schneewittchen erwacht, der Prinz ist bei ihr.

Nichts ist sicher

Der Müller im MÄDCHEN OHNE HÄNDE verspricht für Reichtum etwas, was hinter seiner Mühle steht. Er denkt, es sei der Apfelbaum, der ist ihm nicht viel wert. Es war aber seine Tochter, die er hergeben sollte.

Reife Äpfel schütteln

Die Mädchen bei FRAU HOLLE sollen den Apfelbaum schütteln. Die fleißige tut es und wird Goldmarie, die faule Pechmarie hatte nur gemeint, es könne ihr ein Apfel auf den Kopf fallen, und nichts getan.

Festhalten!

Das Märchen DAT ERDMENNEKEN beginnt mit dem König, dessen drei Töchter alle Tage im Garten spazierengingen. Er war aber ein Liebhaber von Bäumen. Wer von seinem liebsten Apfelbaum pflückte, sollte hundert Klafter in die Erde verwünscht sein. Die Jüngste sagte, der Vater hat uns doch viel zu lieb, und nahm einen dicken Apfel. Der war so süß, den mußten die Schwestern auch probieren, da versanken alle drei tief unter die Erde.

Apfelurteil

WIE KINDER SCHLACHTENS MITEINANDER GESPIELT HABEN. Kleine Kinder, gerade sechs Jahre alt, ein Büblein ist der Metzger. Der sticht ein anderes tot. Ein Ratsherr sieht das und nimmt ihn mit zum versammelten Rat. Ein weiser Mann riet, dem Kind in der einen Hand einen Apfel zu zeigen, in der anderen einen Gulden. Das Kind nahm den Apfel und war frei.

Die Birne · Pyrus communis

...»nudeldicke Dirn, gehn wir in den Garten, schütteln wir die Birn...«, so sangen sie, den Reim brauchte niemand zu erfinden, er war mit dem Namen der Frucht geboren. In einem früheren Faßnachtsspiel klingt er derb: »Gerdraut pin ich ain diern/ und han zwai tüttl als zwo piern«. Bir-

nenförmig die Brüste, birnenförmig der ganze Körper. Alles Weiche, süß Genüßliche steht aber keineswegs am Anfang der Birnen, es kommt erst mit den Römern zu uns.
Zuerst war es eine Holzbirne. Ihre Spuren wurden im Neolithikum gefunden. Seltene Zeugnisse von heidnisch verehrten Birnbäumen sind überliefert im Fruchtbarkeitskult. Singulär und höher als die meisten, standen die sehr alten Bäume auf offenen Feldern, galten als Symbol der Weiblichkeit neben dem männlichen Apfelbaum, waren Schutz und Lebensbaum. Grün auch im Winter, hingen hoch oben in ihren Ästen die Misteln wie seltsame Tiere, Bilder von Drachen und von ungewissen Geistern erzeugend. Die Germanen verehrten den Baum. Es mußten Götter in ihm hausen, so alt wie er wurde. Odin, der nordische Gott, beherrschte das Totenreich im Schatten der Birne. Mit ihm wurde sie zum Zeichen des Todes. Es sitzt der Tod im Birnbaum, hieß es später, er ißt von den Früchten, ißt Blätter und Rinde, weil er nicht satt wird. Gebannt ist er auf den Baum, kann nicht herunter, so bleibt er oben als das bekannte Gerippe. Birnenessen ist nicht gedeihlich, nicht gesund, meinten die Menschen.
Aber der Aberglaube gedieh. Die Zweige von einem alten »Hexenbaum« bannen die Hexen selbst. Damit konnte man verhindern, daß sie einem Krankheiten anhexten. Ihre verdächtigen Künste probierten sie an den Früchten, die sie in Mäuse verwandeln konnten und sich selbst zuletzt in Birnen, Im wilden Birnbaum stecken die Hufnägel, die Sargnägel, drei oder fünf an der Zahl, morgens hineingeschlagen unter Beschwörungen, damit der Dieb das in der Nacht gestohlene Gut wiederbringt bis zum Abend. Der Holzbirnbaum grünt zum Zeichen für einen unschuldig Hingerichteten. Fällt man ihn, so blutet er.
Daß die Jungfern keinen Mann und keine Kinder bekämen,

wenn der Birnbaum »nicht recht trug«, glaubte man. Gab es viel Birnen, kamen viele Mädchen zur Welt. Das erste Badewasser des Neugeborenen wurde unter einen Birnbaum, den Kleinkinderbaum, geschüttet. Zu ihm trug man das Kind am weißen Sonntag, legte es in seinen Schatten, das machte stark und groß. Man »taufte« den Birnbaum mit dem Namen des Kindes, verband Kind und Baum, verdorrte er, blieb es nicht lange lebendig. In der Sylvesternacht oder in der Christnacht geht die Jungfer hinaus zu dem Baum, schüttelt einen Ast und horcht, wohin der Hund bellt. Sie weiß dann, woher ihr »Zukünftiger« kommt. Sind die Früchte reif, fragt sie nach seiner Treue und zählt die abgefallenen Birnen am Morgen, denn das Orakel sagt, so oft hat er eine andere geküßt. Helfen getrocknete Birnenschnitze als Liebespfand? Bleibt ihr der Jüngling verbunden durch Hutzelbrot, das sie aus den Schnitzen bäckt und mitgibt, damit er immer an sie denkt und zurückkehrt? Oder: »Soviel du davon schneidst, so viel wachst immer wieder nach im Ranzen oder Kasten, wenn du auch nur ein Ränftlein fingersbreit übrig behältst ... Behüt dich Gott«, sagte Mörikes »Hutzelmännlein«. Es legt das Schnitzbrot neben die Ampel mit dem heruntergebrannten Docht. Noch keine Glühbirne. Birnenzauber.
In die Rinde des heiligen Birnbaums geritzt die vielen Namen, die Äste verbohrt und verpflockt, die Krankheiten hineingetrieben in sein Holz. Das befreit vom »Reißen«, von Zahnschmerzen, Gicht und Fieber. Die Schwindsucht verschwindet im Baum, Aber: »Welche frau piren auf ir hab, wen si gepären soll, der wird ir gepurt gar swaer«, schreibt Megenberg. Schwer liegen sie im Magen, roh gegessen unverdaulich, ein Genuß voll Reue. Man kochte Kompott. Volksmedizin.
Das waren schon längst die süßen Birnen aus dem Süden,

zuerst von den Legionären, dann von den frühchristlichen Mönchen über die Alpen gebracht, ein Geschenk aus dem Mittelmeerraum, mitsamt der Veredelungstechnik durch Propfen eines Reises in die Rinde. Birnblütenduft im Frühling, unähnlich allem bisher Gerochenen, berauschte die Damen in den Burggärten, ein fremder Moschushauch, so widerlich für die einen, wie betörend für andere. Die Frucht im Herbst, auch sie duftend, saftig und wohlschmeckend, erlaubte lustvolle Vergleiche mit nicht nur einem weiblichen Körperteil. Tantalus soll Qualen gelitten haben, an seinen Felsen angeschmiedet, den Birnbaum mit reifen Früchten vor Augen, saftvoll, fruchtig, lockend, unerreichbar. Er hatte Durst.

Mariabirnbaum ist ein Wallfahrtsort in Schwaben, dort wird »Unsere liebe Frau unterm Birnbaum« verehrt. Das Weiß der Blüte bedeutete den Christen die Reinheit der Gottesmutter und das Rot der Staubgefäße Christi Blut. Fromme Legenden erzählen von den ältesten Bäumen, an manchen hingen Marienbilder.

Melanchthonbirnen, Kardinalsbirnen und Pastorenbirnen verdanken ihre Namen, in Anekdoten überliefert, besonderen Ereignissen an den Tafeln der Großen ihrer Zeit. Theodor Fontanes »Herr von Ribbeck auf Ribbeck im Havelland« aber versorgte die Schuljugend mit Birnen über seinen Tod hinaus, ließ den Baum auf sein Grab pflanzen, als er sich nicht mehr »wenn's Mittag vom Turme scholl« seine Taschen vollstopfen konnte. »Und kam ein Junge des Wegs daher, so flüstert's im Baume: ›Wiste ne Beer?‹«

Felix arbor, der Glücksbaum

DAS MÄDCHEN OHNE HÄNDE. Der Teufel hatte den armen Müller reich gemacht, dafür sollte er bekommen, was hinter der Mühle steht. Der Müller dachte an den großen

Apfelbaum, es war aber die Tochter, die den Hof kehrte. Die wollte der Teufel nach drei Jahren abholen. Weil sie aber fromm und reingewaschen in einem Kreidekreis stand, konnte der Teufel nicht an sie heran. Der Müller sollte das Wasser wegtun, da weinte sie auf ihre Hände und behielt ihre Reinheit. Nun mußte er ihr die Hände abhakken, das ließ sie willig geschehen. Doch der Teufel bekam sie nicht, ihren Tränen mußte er weichen. Der Müller dankte seiner Tochter den Reichtum und wollte sie aufs beste versorgen, sie aber konnte nicht bleiben, ließ sich die Armstummel auf den Rücken binden und ging fort. Nachts, am königlichen Garten angekommen, hatte sie großen Hunger, da war aber ein Wassergraben. Sie betete, ein Engel erschien, trocknete den Graben, ging mit ihr in den Garten. Dort stand ein Birnbaum mit Früchten, die waren alle gezählt. Mit ihrem Mund konnte sie eine davon erreichen und essen. Das sah der Gärtner, sah auch den Engel und fürchtete sich. Am andern Morgen zählte der König seine Birnen, eine fehlte und lag auch nicht unter dem Baum. Er fragte den Gärtner, wohin sie gekommen sei, der antwortete, ein Geist ohne Hände habe die Birne mit dem Mund abgegessen. Ein Engel sei bei ihm gewesen, hätte das Wasser gehemmt, dann seien beide verschwunden. Die nächste Nacht wachte der König selbst mit einem Priester und dem Gärtner unter dem Baum. Um Mitternacht kam das Mädchen mit dem Engel und aß eine Birne. Vom Priester befragt, erklärte sie, ein armer Mensch zu sein, von allen verlassen, nur von Gott nicht. Da nahm der König sie auf sein Schloß, ließ ihr silberne Hände machen, und weil sie so schön und fromm war, wurde sie seine Frau. Als der König ins Feld zog, ließ er die schwangere Königin in der Obhut seiner Mutter. Ein schöner Sohn kam zur Welt. Nun mischte sich der Teufel ein, fälschte

Briefe, verleumdete die Königin, so daß sie mit ihrem Kind fliehen mußte. Sieben Jahre lang suchte der König nach seiner Heimkehr die Königin. Endlich kam er zu einem Waldhäuschen, wo sie mit Schmerzensreich, seinem Sohn, bei dem Engel lebte. Da sie ihre Hände wiederbekommen hatte, konnte er sie nicht erkennen, aber der Engel holte zum Beweis, daß es die Königin war, die silbernen Hände herbei. Alle zusammen gingen zu der alten Mutter nach Hause, da wurde in großer Freude eine zweite Hochzeit gefeiert.

Der Diebstahl der Birne von felix arbor, dem fruchtbaren Baum, erweist sich als felix culpa, als glückhafte Schuld und allererster Schritt zum guten Ende.

Ballast

DIE GÄNSEHIRTIN AM BRUNNEN. Der Sohn eines reichen Grafen, hübsch und jung, traf eines Morgens im Wald ein steinaltes Mütterchen an einer Krücke, dem er gerne die schwere Traglast abnehmen wollte. Zwei Körbe mit Äpfeln und Birnen und ein prall gefülltes Tuch voll Gras huckelte die Alte ihm auf. Wie die Körbe immer schwerer wurden, die Last immer mehr drückte, die Steine am Berg anfingen zu rollen wie lebendig, konnte er kaum weiter und hätte das Tragetuch gerne abgeworfen. Die Alte spöttelte und riet zu Geduld, versprach ein gutes Trinkgeld und sprang zuletzt mit einem Satz selbst auf das Tuch. Zitternd vor Schwäche kam er auf der Höhe bei ihrem Häuschen an und erlebte einen Traum wie ein Märchen.

Eine Zuflucht, kein Versteck

Als ASCHENPUTTEL am zweiten Abend von des Königs Fest nach Hause zurückwollte, begleitete sie der Königssohn. Sie sprang ihm davon, auf einen Birnbaum hinter dem

Haus, so daß er sie nicht mehr sah. Da kam der Vater, und er sagte ihm, das fremde Mädchen sei auf den Birnbaum entwischt. Sollte das Aschenputtel sein, dachte der Vater und hieb den Baum um, da war es aber nicht. Es hatte sein Kleid dem Vogel wiedergebracht und lag in der Asche.
Der Baum war voll herrlichem Obst, heißt es im Text, aber das Mädchen ließ sich nicht mit Birnen vergleichen. An seinem schmalen Schuh wollte es erkannt sein.

Kettenreaktion, um einer kleinen Birne willen
Ein Märchengedicht in 8 Versen: DAS BIRNLI WILL NIT FALLEN
1. Vers. Der herr will das Birnli schüttle,/ das Birnli will nit fallen:/ der Herr der schickt das Jockli hinaus,/ es soll das Birnli schüttle:/ das Jockli schüttelts Birnli nit, das Birnli will nit fallen.
8. Vers. Da schickt der Herr den Schinder naus,/ er soll den Metzger hänge:/ Der Schinder will den Metzger hänge,/ der Metzger will das Kälbli metzle,/ das Kälbli will das Wässerli läpple,/ das Wässerli will das Fürli lösche,/ das Fürli will das Prügeli brenne,/ das Prügeli will das Hündli treffe,/ das Hündli will das Jockli beiße,/ das Jockli will das Birnli schüttle,/ das Birnli will fallen.

Die Linde · Tilia grandifolia

Warum nur sagen die Botaniker, das Lindenblatt sei schiefherzförmig und die Lindenblüte eine Trugdolde? Wer hat ihnen diese üble Nachrede geflüstert? Unsere Linde! Seit Walther von der Vogelweide der Inbegriff deutscher Liebeslyrik. »Under der linden an der heide, da unser zweier bette was ... tandaradei!« Ein Minnesänger und der Baum des süßen Honigs, in dem der Liebesvogel Nachtigall sang. Als Beschützerin der Liebenden leiht die Linde ihre Baumkrone, duftend, bienenumsummt, als Schirm für die ersten Küsse, wenn es dunkel geworden ist am Abend. Heimlichkeiten. Die Dorflinde und der Lindenbaum »am Brunnen vor dem Tore«, diese Sinnbilder der Heimat, ist ihnen zu trauen? War nicht Siegfried das Opfer eines Lindenblatts? Sicherheit und Vertrauen, wahre oder trügerische Liebe mit den Begriffen der botanischen Systematik eingeschätzt, da fragt man, wären Lindenblatt und Menschenherz besser symmetrisch? Was heißt hier schief? Ist ein Blütenstand keine echte Dolde, nur weil die Einzelblüten nicht an einer gemeinsamen Stelle entspringen, ein Trug? Wer täuscht da was?

Kraft und Tapferkeit symbolisierte die Linde. War ein Krieg gewonnen, pflanzte man den Baum für einen Sieg. Es stand der Sohn von Wilhelm Tell nicht unter einem Apfelbaum, er stand unter der Linde, die noch 250 Jahre nach Tells Tod Zeugin der jungen Eidgenossenschaft war, an die Freiheit der Schweiz und den Rütlischwur erinnernd. Für die Schweizerin war ein eigene Freiheit vorgesehen, bis heute sagt man zu Mädchen und Frauen, die Linda heißen, »das Lindi«.

Eine Linde mit drei Stämmen in Schweden ist der sagenhafte Familienbaum der Familien Linaeus, Lindelius und Tiliander. In Lindelius und Tiliander haben wir die Linde, Tilia. Linné, dem großen Sohn der Familie Linaeus verdankt die Botanik eine grundlegende Systematik und die binäre Nomenklatur. Zum Beispiel Tilia grandifolia, die großblättrige, die Sommerlinde und Tilia parvifolia, die kleinblättrige, die Winterlinde, die sind bei uns zu Hause.

Tiliae molles, die linden Linden der Lateiner. So weich wie lind. Mollis und lentus sagten die Römer, wenn ihre Hände etwas Weiches spürten. Zärtliche Worte, die vom Tastsinn sprechen. Im Althochdeutschen sind lindi und slindan verwandt: schlüpfen, gleiten, nicht rauh sein, sondern glatt und weich. Linden haben ein weiches Holz. Das schätzen die Holzschnitzer seit je.

»Die linden Lüfte sind erwacht«, verkündet Ludwig Uhlands Frühlingsgedicht. Im »Buch der Natur« schreibt der alte Megenberg: »tilia oder dilia haizt ain lind. der paum ist gar bekant pei uns und ist gar lüftiger art ... ez ist auch des paums schat den menschen zimleicher (sic!) wan anderr paum schat«. So erklingt es in Schuberts Wanderliedern, »ich träumt in seinem Schatten«! Da ist gut einkehren, wo die Lindenblüten duften. Lindenwirtin, du junge! Hoch oben im Burghof und auf der Bastei, die sie auch Burgfried nannten, setzt der Baum Jahr um Jahr tausendmal die Ringe des Wachstums aneinander, wird stark und den Bewohnern ein Zeichen für ihr Zuhause. Sie haben ihn in ihr Wappen gepflanzt, sie nennen den Ort Lindenfels, Lindeck oder Hohenlinden. Im ganzen Land die vielen Ortsnamen, und einer davon ist Leipzig, Lipsia, die Lindenstadt. Im Schutz des Lindenwalls konnte sie sich stark fühlen, konnten Bürger und Studenten in friedlichen Zeiten flanieren unter den magischen Bäumen. Und in Berlin: Unter den Linden.

Für Luther waren es Zeichen des Friedens, wenn Reiter unter ihnen anhielten, »denn unter den linden, pflegen wir zu trinken, tanzen und fröhlich sein, nicht streiten noch ernsten, denn die linde ist bei uns ein friede und freude baum«. Hier versammelt sich das Dorf am Feierabend. Ist der Baum uralt, ruhen seine Äste auf einer Galerie von Säulen und rund um seinen tausendjährigen Stamm ist die Sitzbank, in seiner Krone der Baumsitz. Im Lindenschatten der Tanzplatz, manchmal ein Brettergerüst gleich unter

der Krone, hochgehoben ein Tanzboden für Musik und Tänzer am Festtag. Alltags tagt das Dorfgericht, in Luthers Sinn hoffentlich friedenstiftend, unter sieben Linden.
Den Göttinnen der Liebe gehörten die Linden. Bei den Griechen war es Aphrodite, deren Diener und Dienerinnen sich mit Lindenblüten bekränzten. In einer griechischen Sage verkörperte die Quellgöttin Phylira eine Linde, das lebenspendende Wasser und der Baum gehörten zueinander.
Von Herodot, dem Vater der Geschichte, erfahren wir, wie die Priester der Scythen aus dem Bast der Linde weissagten. In Rom trug man zum Fest der Ceres, der Fruchtbarkeitsgöttin, Kreuzbänder aus Lindenbast. Im nördlichen Europa war bereits bei den Pfahlbauern der Lindenbast Material für Stricke und Flechtwerk. Die Slawen flochten Schuhe daraus. Sie verehrten die Linde in Gestalt ihrer Orakelgöttin Libussa, der Lindenfrau, die ihnen sagte, was Recht und Unrecht sei.
Die Lindenblüte, sie war seit dem Altertum ein wohlbekanntes Heilmittel, und der ganze Baum galt als eine einzige, große Apotheke, sogar in Pestzeiten eine Hoffnung. Rinde, Bast, Blätter, Blüte, räuchern, Dämpfe aufkochen, Asche zu Brei rühren, auflegen, Tee brühen, verbinden, heilen, tief einatmen: lindern.
In dem verehrten, heiligen Lindenbaum sollen Dämonen und Hexen gehaust haben. Stammte er aus heidnischer, unchristlicher Zeit, wurde er verteufelt. Der Glaube an den guten Geist, der die bösen Geister vertreibt, stritt gegen die Angst vor schwarzer Magie und Zauberei in den Köpfen der Menschen. Mit einem Lindenstock wollten sie den Teufel verprügeln und mit einem Strick aus Lindenbast fangen und fesseln. Endlich setzten sie in christlicher Zuversicht Linden um Haus und Hof. Wurde ein Kind gebo-

ren, pflanzten sie eine Linde und nannten sie mit seinem Namen. Oder man gedachte einer großen Verstorbenen, einer Wohltäterin, einer Dichterin: die Sophienlinde, die Drostelinde. Viel Linden gab es für Maria, für ihren Sohn die Herrgottslinde.
Beherbergte die Dorflinde die gute Fee der treuen Liebe, hat sich das Paar dort einander versprochen. War die Hochzeit im Sommer, trat der Pfarrer mit der Gemeinde vor die Kirche, segnete das Paar unter dem blühenden Baum. Sich unter Linden binden, ein Reim so glücklich wie trivial.

Von blinden und sehenden Augen, vom Schein und Sein

DIE WAHRE BRAUT, das schöne junge Mädchen, war einer bösen Stiefmutter ausgeliefert. Eine sanfte Stimme versprach Hilfe, die alte, gute Fee tat all die schweren und unsinnigen Arbeiten, die das Mädchen verrichten sollte. Während es schlief, ließ die Alte das Schloß entstehen, das die Jungfrau in einem Tag erbauen mußte. Pünktlich war es fertig, und die Stiefmutter ging darin herum, zu sehen, ob alles vom Besten sei und nichts fehle. Am Ende stürzte sie die Weinkellertreppe hinunter in den Tod. Da gehörte das prächtige Schloß dem Mädchen ganz allein, und viele Freier kamen, die es jeden Tag abwies, weil ihr keiner gefiel – bis der Sohn des Königs kam. Sie verlobten sich, und eines Tages versprach der Liebste unter der grünen Linde im Garten, von seinem Vater die Erlaubnis zur Vermählung einzuholen. Harre mein hier unter dieser Linde, in wenigen Stunden bin ich wieder zurück. Sie küßte ihn auf die Wange und sagte: Bleib mir treu und laß dich von keiner andern auf diesen Backen küssen. Doch er kam nicht wieder. Nach drei Tagen ging sie aus, ihn zu suchen, nahm ihre drei schönsten Kleider und eine

Handvoll Edelsteine in ein Tuch, wanderte durch die Welt und fand ihn nicht. Schließlich hütete sie bei einem Bauern die Herde. Kälbchen, Kälbchen, knie nieder/ vergiß nicht deine Hirtin wieder/ wie der Königssohn die Braut vergaß, / die unter der grünen Linde saß, sagte sie immer zu einem Kälbchen, das sie aus der Hand fütterte. Nach ein paar Jahren ritt ihr Bräutigam am Dorf vorbei, er sah sie nicht. Er hatte sie vergessen. Als er wieder vorüberkam, sprach sie den Reim zum Kälbchen, da horchte er auf, schaute ihr ins Gesicht, erkannte sie nicht. Er war auf dem Weg zur Hochzeit mit einer anderen. Nun nahm das Mädchen allen Mut und die schönen Kleider und Edelsteine zusammen und ging auf das Fest. Der Königssohn kam ihr entgegen, tanzte nur mit ihr, aber er wußte nicht, mit wem er tanzte, bis er in der dritten Nacht das Mädchen fragte, wer sie sei. Da küßte sie ihn auf die linke Wange und er erkannte die wahre Braut. Sie ritten davon, zu ihrem Wunderschloß, das schon von Ferne mit hellen Lichtern grüßte. Die Linde war von Glühwürmchen umschwärmt und duftete, auf der Treppe blühten Blumen, im Saal wartete der ganze Hofstaat, und eine große, schöne Hochzeit wurde gefeiert.

Warum? Darum!

VON DER NACHTIGALL UND DER BLINDSCHLEICHE. Sie haben jede nur ein Auge. Als die Nachtigall auf eine Hochzeit eingeladen war, lieh sie sich von der Blindschleiche das Auge, damit sie mit zwei Augen auf das Fest gehen konnte. Dann wollte sie es aber nicht mehr zurückgeben. Als die Blindschleiche Rache schwor, sang die Nachtigall: Ich bau mein Nest auf jene Linden,/ so hoch, so hoch, so hoch,/ da magst du's nimmermehr finden! Seitdem haben die Nachtigallen zwei Augen und die Blindschleichen sind blind. Die

Schlange wohnt aber unter dem Busch, in dem die Nachtigall ihr Nest hat, und trachtet nach den Eiern, die sie anbohren und aussaugen will.

Die Eiche · Quercus robur

Was Plinius der Ältere von den germanischen Eichenhainen in seiner Naturgeschichte berichtet, liest sich wie eine ungeheure Übertreibung, doch hat er die Wälder gesehen, die »der Kälte des Landes ihren Schatten hinzufügen«. Und war es nicht Phantasie, sondern Wirklichkeit, wenn er die römische Flotte im Mündungsgebiet von Elbe und Ems erschreckt vor großen Inseln sah, die durch Flut und Wind vom Land abgelöst und weggetrieben, zusammengehalten von Eichenwurzeln wie eine Riesenflotte heranschwankten? Die Römer begannen eine Seeschlacht gegen die Takelagen des Geästs. Er hat die fast unsterblichen Eichen des Herzynischen Waldes gesichtet, »die Zeitgenossen des Ursprungs der Welt«, deren Wurzeln sich zu Toren aufbäumten, groß genug, um eine Reiterschwadron durchzulassen.

Die Eiche, der Baum und das Holz. Unsere einheimische Eiche, die Stieleiche, hat den Artnamen robur, das heißt der Stamm. Es stammt daher robustus: eichen, fest, stark, kräftig. Ein Mann wie ein Eichbaum. Das sind die Metaphern des Eichbaums. Sei standhaft, treu und trau! Doch setzt man hinter das Vertrauen auch ein Fragezeichen. Bei den pragmatischen Römern waren Gegenstände aus diesem Holz die schwankenden Schiffe. Das Trojanische Pferd der Griechen dachten sie sich eichen, und robur nannten sie die unterirdischen Kerker der römischen Staatsgefängnisse, die wahrscheinlich einst mit Eichenbohlen verkleidet waren.

Die teutonischen Kelten beteten Teut, ihre Gottheit, in einer Eiche an. Die Druiden bauten Altäre unter die schönsten Eichen. Vielleicht ist die Verehrung so groß gewesen, weil der Baum seit Urzeiten eine Nahrungsquelle war, wo auch die Schweine sich mästeten mit Eicheln. Ein walisischer Mythos, »Cad Goddeu«, Die Schlacht der Bäume, den Gwion von Llanfair im 12. Jahrhundert berichtet, sagt von der Eiche: »Die Steineiche dunkelgrün hielt entschlossen stand; sie ist bewaffnet mit vielen Speerspitzen, die verwunden die Hand. Unter den stampfenden Füßen der schnellen Eiche dröhnten Himmel und Erde; ›Mannhafter Wächter der Pforte‹ heißt ihr Name in allen Sprachen«. Als siebenter Baum steht sie im irisch-keltischen Baumalphabet mit dem Buchstaben D für Duir. Das ist die Tür. Wird sie von den himmlischen Mächten geöffnet, kommen die Botschaften der Götter mit Blitz und Donner auf der ganzen Erde an: Zeus, Jupiter, Herakles, der altirische Gott Dagda, Donar, Thor, auch Jahwe und Allah sprechen zu den Menschen.
So ist im klassischen Altertum der älteste Orakelbaum die Eiche des Zeus zu Dodona, die mit ihrem Blätterrauschen den Spruch des Gottes verkündete. Wenn das Orakel zu Delos befragt wurde, sangen die Tauben: »Dies spricht Zeus«, während die tönende Eiche eine Antwort raunte, verständlich nur den Priesterinnen, die sie an die Frager weitergaben. Der Argo, dem Schiff der Argonauten, hatte Athene im Bug ein Stück Holz von der Eiche aus Dodona eingesetzt, damit ein Orakel mitfuhr auf die unsichere Reise.
Während ihrer Blütezeit im Mittsommer steht die Eiche als ein gefährlicher Baum im Feld. Der Blitzstrahl schlägt in ihre Krone, und so hoch sie ist, so tief hinunter saust er in die Erde. Wer unter ihr steht, fährt mit ins Totenreich. Ver-

gil sagt deshalb, die Eiche müsse das Symbol eines Gottes sein, dessen Gesetze im Himmel und in der Unterwelt gelten. Gleichwohl steht Janus, mit seinen zwei Gesichtern nach vorne und nach hinten blickend, unter der Eiche, ein Türwächter aus ältester Zeit. Jupiter, Eichengott der klassischen Antike, hatte einem Monat seinen Namen gegeben. Er dauerte vom 10. Juni bis zum 7. Juli, wir hören es: Ju-piter. Am 24. Juni war Sonnwende im Norden, das große Opferfest, lebendig wurde der keltische Eichenkönig verbrannt.

Der Rat der germanischen Männer am Thingplatz unter der Eiche war gut beraten, wenn er auf die Geräusche des Winds, die Stimme der Götter in der Krone lauschte, ehe er über Krieg und Frieden beschloß. Die Treueschwüre unter der Eiche waren unverbrüchlich.

»Der Tod nagt an Eichen«, hieß es im Volk. Im christlichen Mittelalter verbrannte man jedoch zu Weihnachten einen Eichenklotz, um mit der Asche die Felder fruchtbar zu machen. Noch glaubte man an die Zauberkraft von Eichenholz und Rinde, wenn der Blitz den Baum traf. Vor den gesägten Blättern war Respekt geboten, sie könnten Zeichen des Teufels sein, geschlitzt von seinen Krallen, wenn ihm eine Seele entwischt war. Stürmte und hagelte es nicht, wenn die Hexen Eichenlaub kochten? Flüchteten Schlangen, wenn man sie mit Eichenblättern bewarf? Konnte man mit ihnen »zauberei und malefiz« austreiben? Wird einer gesund, wenn er sein Hemd an den Eichbaum bindet? Man fürchtete den Baum ebenso wie man ihn verehrte.

Schwer hatten es die ersten christlichen Botschafter gehabt, ihrer Religion und der Bibel den Boden zu bereiten. Die Eichen mußten fallen, die Naturgötter sollten vergessen sein. Wo aber die riesigen alten Bäume der Ausrottung

trotzten oder entgingen, verband man sie den neuen Heiligen, dem Gott Israels, Christus als seinem Sohn, und danach vor allem der Jungfrau Maria. Alttestamentarische Eichen wurden aus den Biblischen Geschichten bekannt. In den Büchern des Propheten Jesaja steht: »Eichen der Gerechtigkeit wird man sie nennen, eine Pflanzung des Herrn zu seiner Verherrlichung.«

Es wuchsen junge Eichen nach, wurden gepflanzt im christlichen Sinn. Heiligenbilder wurden an ihnen aufgehängt, Marienbilder. Die Bäume beschatteten Wallfahrtskirchen, Marienkapellen; die Madonna unter der Eiche übernahm den Schutz der Bauern auf dem Feld, der Handwerksburschen auf Wanderschaft, der Reisenden und der Soldaten.

Soldaten und Helden, Krieger und Jäger: das Eichenlaub ziert den Sieger. Das Zweiglein, der Bruch am Hut nach dem Schuß, das ist kein großer Sieg über einen Hirschen. In Rom trugen berühmte Feldherrn den Eichenkranz, nicht nur den Lorbeer. Viktoria hält ihn hoch in Händen. Sie krönt die Siegreichen mit Eichen. Baum, Laub, Zweig, Blatt und Frucht zieren Wappen, rahmen Urkunden, schmücken Wahlsprüche und Gelöbnisse, meinen Treu und Glauben. Meinen die männlichen Tugenden in Krieg und Frieden. Rührend sind sie in Leinen gestickt von den Frauen, während die Liebsten in die Völkerschlacht bei Leipzig gezogen sind, viel mehr Heimkehrer als Sieg erhoffend.

Wo die Gänsehirtin ihr wahres Gesicht zeigt

Die verzauberte Königstochter, DIE GÄNSEHIRTIN AM BRUNNEN, nahm unter drei alten Eichen im Mondschein die häßliche Haut vom Gesicht und wusch sich. Sie war wunderschön. Einmal beobachtete der junge Graf sie vom Baum herab, der Ast krachte, schnell zog sie die Haut wieder über und sprang wie ein Reh davon. Bald darauf waren die drei Jahre um, in denen sie Gänse hüten mußte, König und Königin standen vor der Tür, der junge Graf neben ihnen. Bezaubernd schön trat die Prinzessin aus der Kammer, und sie errötete. Wenig später wurden die beiden vermählt.

Wo drei Eichen zwei Gesichter zeigen: Gefahr und Geborgenheit
Unter den drei großen Eichen, sagt ROTKÄPPCHEN unbefangen dem Wolf, steht Großmutters Haus.

Wo einer den Geist der Magie und Medizin entfesselt
Im Märchen DER GEIST IM GLAS mußte der Sohn eines armen Holzhackers das Studieren aufgeben und dem Vater im Wald helfen. Bei einer uralten Eiche hörte er eine Stimme. Er suchte und fand zwischen den Eichenwurzeln eine Flasche, in der etwas hüpfte wie ein Frosch. Laß mich heraus, rief es immer wieder, da zog der Schüler ohne Argwohn den Korken heraus. Sofort wuchs groß und größer ein Kerl in die Höhe, sagte, er sei der großmächtige Merkurius und müsse dem Jungen den Hals brechen. Das glaube er nur, wenn er auch wieder in die Flasche zurückkönne, meinte der, lockte ihn damit hinein und stöpselte zu. Nun bettelte und verhandelte der Geist in der Flasche, versprach reichen Lohn, bis der Junge es ein zweites Mal wagte. Zum Dank bekam er einen kleinen Lappen, der Wunden heilen konnte. Stahl und Eisen sollten zu Silber werden, wenn man das Pflaster darüber streiche. Der Geist dankte für die Erlösung, der Schüler für das Geschenk. Weil der Sohn nichts gearbeitet hatte, war der Holzhauer zornig. Als die Axt, nach Berührung mit dem Pflaster, eine silberne Schneide bekam, die sich verbog und keinen Ast

abhauen konnte, erschrak er. Doch mit dem Geld, das der Goldschmied für sie bezahlte, waren alle Sorgen vorbei. Der Sohn erzählte dem Vater, wie das Vertrauen auf sein Glück sich gelohnt hatte, zog wieder auf die hohe Schule und wurde mit dem Pflaster, das alle Wunden heilte, der berühmteste Doktor der Welt.

Wie man Tierpfoten nicht behandelt

DER WUNDERLICHE SPIELMANN ging mutterseelenallein durch den Wald, spielte Geige, um Gesellschaft anzulokken. Es kam ein Wolf, den hatte er sich nicht gewünscht. Der Wolf schmeichelte und wollte fiedeln lernen. Der Spielmann führte ihn zu einer hohlen Eiche, ließ ihn die Vorderpfoten in den Spalt legen, verkeilte sie mit einem Stein. Der Wolf war gefangen. Ein Fuchs und ein Häschen, verloren nacheinander ebenfalls ihre Freiheit. Inzwischen hatte der Wolf sich befreit. Auf dem Weg zum Spielmann band er den Fuchs und den Hasen los. Nun wollten sie sich zu dritt rächen. Ein Holzhauer verteidigte den Spielmann, die Tiere liefen in den Wald zurück, der Spielmann spielte dem Mann eins zum Dank und zog weiter.

Wie man hinterrücks vorwärts kommt

DAS TAPFERE SCHNEIDERLEIN täuscht einem Riesen unglaubliche Kräfte vor. Eine der Kraftproben ist eine mächtige gefällte Eiche. Der Schneider gibt dem Riesen den Stamm zu tragen, er selbst will Äste und Gezweig auf sich nehmen. Der Riese geht voran, der Schneider setzt sich auf einen Ast, pfeift lustig, während der Riese schleppt, bis er aufgibt. Listig bringt das Schneiderlein sich in der Welt voran, bis es die Königstochter zur Frau bekommt und mit den großen Tönen von seinen Heldentaten sein Lebtag ein König bleibt.

Warum die Ziege Teufelsaugen hat

DES HERRN UND DES TEUFELS GETIER. Gott hatte alle Tiere, der Teufel aber die Geiß geschaffen. Des Teufels Geschöpfe hatten, wie er selbst, nur Schaden im Sinn. Sie schädigten die Reben und andere zarte Pflanzen. Da schickte Gott die Wölfe. Dein Geschöpf hat das meine zerrissen, beschwerte sich der Teufel und wollte Entschädigung. Gott versprach, wenn das Eichenlaub abgefallen sei, zu bezahlen. Als es soweit war, wollte der Teufel sein Geld, aber Gott sagte, in der Kirche zu Constantinopel stehe eine hohe Eiche in vollem Laub. Fluchend wollte der Teufel dorthin, irrte monatelang durch eine Wüstenei, und als er wieder herauskam, hatten alle Eichen längst grüne Blätter. Vor Zorn stach er allen Geißen die Augen aus und setzte ihnen seine Teufelsaugen ein.

Warum der Mond am Himmel steht

DER MOND stand als leuchtende Kugel auf einem Eichbaum. Vier Burschen kamen aus einem anderen Land, in dem es nachts immer finster war, und sahen das Licht. Eine Eiche gab es auch bei ihnen daheim, dahin wollten sie den Mond mitnehmen. Sie holten ihn heimlich herunter, nahmen ihn mit, steckten ihn an ihre Eiche, putzten und versorgten ihn mit Öl. Alle freuten sich über das neue Nachtlicht. Als die vier alt waren und einer nach dem andern starb, nahmen sie den Mond viertelweise mit ins Grab, da war es wieder finster in der Nacht. In der Unterwelt aber regte das vereinte Mondlicht Aufruhr an. Petrus brachte den Tumult zur Ruhe und hängte den Mond am Himmel auf.

Wald, Menge und Fülle von Pflanzen, Wald, reicher Vorrat, unverarbeiteter Stoff, das sind dritte und vierte Bedeutungen des lateinischen »silva«. Wald und Kultur war für die Römer unvereinbar miteinander, sie überließen die Wildnis den Tieren, bauten die Stadt. Aus der Ferne verehrten sie Faunus, den Waldgott, der weissagend unter Bäumen ging, bevor es zu den nackten, bocksgehörnten Walddämonen kam, die sie Fauni nannten. Sie pflegten Bäume in Gärten, besuchten die Haine, wo ihre Götter wohnten, denen man Opfer bringen und für die man Feste ausrichten konnte. Diana, die junge Jägerin, bekam ihren Tempel auf dem Aventinischen Hügel über der Urbs, Kultstätten waren ihr geweiht im Land der Latiner.

Im Dickicht der Wälder jenseits der Alpen lernten die römischen Legionäre dazu. Silvanus, den freundlichen Gärtner mit Fruchtschurz und Gartenmesser als Gott des Waldes, fanden sie dort nicht wieder. Der Wald im Norden war anders, undurchdringlich und dunkel überzog er die Länder. Abgesprengt aus Caesars Truppen, verirrten sie sich, kämpften mit Dorn und Gestrüpp, sahen vor Bäumen den Feind zu spät. Der hatte merkwürdige Sitten und Vorstellungen. Die Bewohner Germaniens trieben einen fremden Baumkult, sie glaubten, selbst von Bäumen abzustammen. Von Völkern der Westgermanen zwischen Elbe und Oder berichtet Tacitus, wie Sippen eines Stammbaums, also vom selben Geblüt, sich versammelten an einem düsterheiligen Ort, den sie nur mit Scheu betraten. Dort wurden öffentlich und blutig Menschen geopfert. Jeder Baum war ein Tabu, keiner durfte gefällt, nicht ein Zweig durfte abgerissen werden.

Yggdrasil, Odins Baum, die immergrüne Weltesche, steht

abseits für sich auf ihren drei ungeheuren Wurzeln und ist doch der Baum der Bäume in der Mythologie des Nordens. Die Götter sprechen Recht unter ihm. Mit einer der Wurzeln greift er hinunter zu der Quelle des Werdens und des Kommenden. Yggdrasil ist der Lebensbaum, wie der Baum des Wissens und der Erkenntnis, Wotansbaum, Sinnbild des Alls.

Die christliche Kirche rang tausend Jahre mit dem Wald, den Dämonen, der Wirrnis in der Natur und in der Menschenseele. Wildnis war heidnisch und sündig, es wurde gerodet, ausgerottet die Macht der alten Götter, damit der christliche Glaube wachsen konnte. Das gewonnene Holz verwandelte sich in Balken und Bretter für Häuser und Gerät, in wärmendes Feuer und erhellendes Licht. So ging es von silva, der Urmaterie, zu cultura. Nun war der Wald ein Wert. Der Buchstabe, Nachfahre der Rune aus Buchenholz, kam als Schriftzeichen heraus aus dem Wald. Und dann wird, für alles Geschriebene, aus Holz Papier gemacht.

Der Urwald war zum Wald geworden, die Bauern sahen ihn mit Distanz, er grenzte ab und war nach wie vor ein Versteck für Verfolgte. Viele von denen hatten etwas auf dem Kerbholz und vermehrten durch ihre Anwesenheit die Gefahren des Dickichts. Die Adligen auf ihren Burgen aber jagten darinnen ihr Wildbret. Da gab es den Bannwald. Die Herren, zum Beispiel die Merowinger und dann die Karolinger, hatten Forste oder Fronwälder, geschützt durch Bannrechte. In ihnen wurde das Wild gehegt, der Wald für die Jagd gepflegt, dafür sorgten Wildbann und Rodungsverbote mit Androhung und Vollzug harter Strafen. Aber es gab auch die Marken mit eigenen Bannrechten. Im Keyserrecht von 1372 steht: »da ein walt oder ein mark ist, drin sechs dorffe oder me oder minner gehorn.«

Das waren die Grenzsäume um die Gehöfte, die Wälder, die den Gemeinden gehörten. In ihnen weideten die Schweine, aus ihnen wurde Holz verteilt. Doch in seinen Tiefen blieb Wald undurchdringlich.
Dann waltete der Förster. Die Sägemühlen klapperten. Rheinabwärts trieben die Flößer den Schwarzwald als schwimmende Riesenbündel in die Niederlande, wo er sich in Schiffe mit hohen Masten verwandelte. Der Köhler stellte in seinem Meiler die Holzkohle her, Bergwerke und Glashütten gab es, Holzhacker, Reisigsammler und Beerensucher trauten sich selbst an unheimliche Orte.
»O schöner grüner Wald«! Er ist der Ort der Wunder und der Ungeheuer, der Heldenlieder und der Riesensagen. Das Schweigen und das Einhorn, das Rauschen und das Jagdhorn, die Einsamkeit und das wimmelnde Leben im Boden, im Unterholz und im Gezweig. Verwunschen, verzaubert in Grotten und Höhlen bei Feen und Zwergen, bei den wilden Männern und den seligen Fräulein. Hexa, die Hexe mit ihrem Sechsereinmaleins. Die Zauberer mit dem fünfgezackten Stern, dem Drudenfuß. Zwischen Mythen und Magie der pflanzliche Analogiezauber: die Form einer Wurzel, eines Asts, eines Tannenzapfens, eines Pilzhuts, die Farbe einer Blüte und die Beschaffenheit von Moos und Farn. Versprachen sie Einfluß auf Glück und Gesundheit oder Unglück und Krankheit, die Alraune und die Amulette aus Pflanzenorganen? Essenzen und Düfte, betäubend, inspirierend. Die Waldgeister in der Bowle mit Waldmeister machen noch immer einen großen Rausch.
Die vielen Lieder! Eichendorff: »Schlag noch einmal den Bogen um mich du grünes Zelt! ... Da steht im Wald geschrieben ein stilles ernstes Wort vom rechten Tun und Lieben ...« Die Romantiker lieben sein Labyrinth, vergleichen den Wald mit einem Dom. Er ist das verlorene und

manchmal das wiedergefundene Paradies. Aber auch die kleinen Schrecken, die große Furcht, sind aus dem Wald nicht zu vertreiben und aus dem Menschenherz auch nicht. Es schlägt, wenn der junge Student Goethe davonreitet in die Nacht: »Wo Finsternis aus dem Gesträuche mit hundert schwarzen Augen sah.«

In fast hundert Märchen der Brüder Grimm gibt es den Wald. Er ist die deutsche Melodie, märchenhaft, dramatisch, phantastisch, unwirklich und virtuell.

Denken wir an die bekanntesten, an ROTKÄPPCHEN, BRÜDERCHEN UND SCHWESTERCHEN, DIE DREI MÄNNLEIN IM WALDE, HÄNSEL UND GRETEL, DAS WALDHAUS, SCHNEEWEISSCHEN UND ROSENROT, SNEEWITTCHEN, DIE STERNTALER, JORINDE UND JORINGEL, RAPUNZEL, FUNDEVOGEL, DER GEIST IM GLAS, ALLERLEIRAUH, DER GESTIEFELTE KATER, DAS TAPFERE SCHNEIDERLEIN, DE BEIDEN KÜNIGESKINNER, DER GOLDENE VOGEL.

Sehen wir an, wer sich in den weniger bekannten Märchen im Wald aufhält.

DIE GÄNSEHIRTIN AM BRUNNEN ist eine verzauberte Königstochter, vom Vater verkannt und in den Wald geschickt, weil sie sagte, sie liebe ihn so wie das Salz. Ein junger Graf kann den Zauber brechen. Er hatte einer alten Frau den schweren Korb in ihr Häuschen getragen, in dem sie mit dem Mädchen lebt. Es trägt eine häßliche Mägdehaut über dem schönen Gesicht, die es nachts abnimmt, wenn es sich am Brunnen wäscht. Nach vielen Wirrnissen wird die Gänsehirtin erlöst, bekommt ihre Tränen als Perlen von der Alten. Das Häuschen wird zum Schloß, alle Gänse sind Mädchen. König und Königin hatten sich längst nach der Tochter gesehnt, sind glücklich, und die Prinzessin wird mit dem Grafen vermählt.

Im Wald ist ein Brunnen, darin sitzt der FROSCHKÖNIG, der gibt der Königstochter den goldenen Ball zurück.

DER EISENHANS wird aus seinem Pfuhl im Wald gezogen, aufs Schloß gebracht und vom König in einen eisernen Käfig gesetzt. Dem jungen Sohn des Königs fällt der goldene Ball hinein, er schließt das Gitter auf, läßt den wilden Mann heraus, gegen das Verbot des Vaters. Eisenhans nimmt ihn mit in den Wald, erprobt seine Folgsamkeit. Wieder ist er unfolgsam, muß in die Welt hinaus, kann aber Eisenhans in der Not anrufen.

MARIENKIND. Einem Holzhacker begegnet im Wald die Jungfrau Maria. Sie nimmt sein Kind mit in den Himmel, wo es lügt, es habe die verbotene Tür nicht aufgemacht.

DAS MÄDCHEN OHNE HÄNDE führt ein Engel in ein Häuschen im Wald, in dem es sieben Jahre blieb mit seinem Kind, das es Schmerzensreich nennt.

DER HEILIGE JOSEPH IM WALDE prüft die drei Töchter und ihre Mutter, belohnt die brave Jüngste und straft das erste, böse Kind mit dem Tod. Die Mutter wird von der Schlange in die Ferse gestochen.

Der Einsiedler im Wald soll einen trockenen Ast tragen, bis DIE DREI GRÜNEN ZWEIGE daraus sprießen. Er geht bettelnd durch die Welt. Zuletzt rührt er das Herz der Räuber, die Buße tun. Als er stirbt, grünt der Ast.

DAS SINGENDE, SPRINGENDE LÖWENECKERCHEN sang auf dem Baum nah beim Schloß mitten im Wald. Der Vater brachte es von seiner Reise der jüngsten Tochter, die es sich gewünscht hatte. Sie lief ihm als erstes entgegen und mußte deshalb dem wilden Löwen angehören, dem verzauberten Prinzen.

DIE DREI SCHWESTERN. Der reiche König lebte in Saus und Braus, bis er nur noch das Waldschloß besaß. Auf der Jagd begegnete ihm der Bär, der wollte seine älteste Tochter zur Frau. Der König ließ alles zusperren. Da kam ein schöner Prinz, alle Schlösser sprangen auf, die Zugbrücke fiel herunter, die Königstochter fuhr mit in den Zauberwald hinein. Im Schloßhof stand eine Kiste voll Gold. Die zweite Tochter verkaufte der König dem Adler. Komm mit, du schöne Adlerbraut! Der König fand zwei zentnerschwere goldene Eier. Die dritte Tochter wurde Walfischbraut für drei Säcke voll Zahlperlen. Der kleine Bruder, Reinald das Wunderkind, sucht die Schwestern. Erlöst kommen am Ende alle zusammen.

DIE ZWÖLF BRÜDER flüchten in den Wald, weil ihr Vater, der König, Särge für sie bereitstellte, falls die Königin ein Mädchen zur Welt bringe. Sie werden in zwölf Raben verwandelt.

DER EISENOFEN im Wald war das Gefängnis des Königssohns, den die Hexe verwünscht hatte. Er wurde von einer Königstochter erlöst und mit ihm zusammen viele Königskinder, die in Itschen verzaubert waren.

DER KRAUTESEL. Der junge Jäger bekommt einen Wunschmantel, weil er einem Mütterchen im Wald von seinem Geld gegeben hat. Einmal findet er in einem Krautgarten einen Salat, der jeden in einen Esel verwandelt, der davon ißt. Damit macht er zuletzt sein Glück.

VON DER SERVIETTE, DEM TORNISTER, DEM KANONHÜTLEIN UND DEM HORN. Diese Zauberdinge standen dem dritten Bruder zu Diensten, der aus einem unendlichen Wald nicht mehr herauskam. Die Serviette deckte ihm immer einen reichen Tisch. Er tauschte sie bei einem Köhler gegen den Tornister, der Soldaten herbeizauberte, die ihm die Serviette zurückbrachten. So ging es weiter, von Köhler zu Köhler, bis er alle Instrumente bei sich hatte und König wurde.

DER RANZEN, DAS HÜTLEIN UND DAS HÖRNLEIN gehören dem jüngsten von drei Brüdern, der im Wald bei den Köhlern sein Glück gemacht hat.

Der WUNDERLICHE SPIELMANN lockt mit seiner Fiedel im Wald Wolf, Fuchs und Hase zur Gesellschaft herbei und spielt ihnen übel mit.
DAUMESDICK läßt anspannen, setzt sich dem Pferd ins Ohr und fährt den Wagen in den Wald zu seinem Vater, der Holz haut.
DES SCHNEIDERS DAUMERLING WANDERSCHAFT beginnt in einem großen Wald, wo er einem Haufen Räuber begegnet.
DIE BREMER STADTMUSIKANTEN geraten im Wald in das erleuchtete Haus der Räuber und vertreiben diese mit ihrer Musik.
Der Knabe mit der Glücksbraut im Märchen vom TEUFEL MIT DEN DREI GOLDENEN HAAREN wird von den Räubern im Wald beherbergt. Sie retten ihm das Leben.
Ein alter RÄUBER UND SEINE SÖHNE hausten im großen Wald. Der Alte bereute und bat seine Söhne, ein ehrliches Handwerk zu lernen. Sie aber raubten das Pferd der Königin. Man fing sie. Die Königin jedoch kannte des Alten Abkehr vom Bösen, ließ ihn zu sich kommen und seine Lebensgeschichte erzählen. Als sie die hörte, gab sie seine Söhne frei.
DER RÄUBERBRÄUTIGAM flößt seiner Braut kein Vertrauen ein. Als sie ihn im Wald besuchen soll, nimmt sie Erbsen und Linsen mit, die sie streuen will, um den Heimweg zu finden.
Der Hexenmeister von FISCHERS VOGEL nimmt die schönen Töchter mit sich in sein Mordhaus im Wald.
Ein Schneider auf der Wanderschaft in einem großen Wald kommt an ein kleines Häuschen aus Rohr und Binsen. Er wird von einem Hirsch davongetragen, gerät in einem Felsen in eine gläserne Welt, küßt die Grafentochter im GLÄSERNEN SARG und ist der für sie bestimmte Gemahl.

DIE BEIDEN WANDERER, ein Schuster und ein Schneider, kamen in einen großen, stillen Wald. Der Schuster schleppte viel Brot mit. Der Schneider war lustig und hatte am dritten Tag sein Brot aufgegessen. Am siebenten Morgen saß ihm der Tod im Nacken. Der Schuster gab ihm noch einmal Brot und stach ihm dafür das zweite Auge aus. Zum guten Ende konnte der Schneider wieder sehen, der Schuster mußte die Schuhe für ihn machen zur Hochzeit mit der Prinzessin. Dann stachen ihm zwei Krähen die Augen aus.

DER RIESE UND DER SCHNEIDER. Der Schneider sah sich den Wald an, erblickte in der Ferne einen Riesen wie einen Turm. Großmäulig will er ihm den ganzen Wald zu Holz schlagen und zum Abendessen tausend Schweine schießen, das erschreckt den Riesen. Als aber der Schneider zum Beweis seiner Stärke eine Weidenrute herabbiegen soll, fliegt er in die Luft und ist verschwunden.

DER TROMMLER möchte die Königstochter aus der Gewalt einer Hexe erretten. Auf dem Weg zum Glasberg im großen Wald der Menschenfresser trommelt er den Riesen wach und protzt mit einem Heer. Der läßt sich einschüchtern, trägt den Trommler mit Riesenschritten, gibt ihn an einen zweiten und dritten Riesen ab, bis sie am Glasberg sind. Viel muß der Trommler erleben, bevor er mit der Königstochter vor seine Eltern treten kann, um ihnen die rechte Braut vorzustellen.

DER ALTE SULTAN wird aus dem Hof gejagt. Der Fuchs im Wald weiß Rat, stiehlt das Kind, der Hund bringt es zurück, wird für den Retter gehalten und erhält das Gnadenbrot.

HURLEBURLEBUTZ. Ein König verirrt sich auf der Jagd im Wald. Ein kleines Männchen rettet ihn, will dafür die jüngste Königstochter. Die Prinzessinnen kleiden die Kuhhirtstochter schön, doch der Fuchs, der sie auf dem Schwanz in den Wald bringen soll, merkt den Betrug und bringt sie zurück. Mit einer Gänsehirtentochter geht es ebenso. Beim drittenmal bekommt der Fuchs die Königstochter. Er erkennt sie, ist selbst das weiße Männchen, tut der Prinzessin in seiner Hütte alles zuliebe und wird endlich als Prinz vor ihr stehen.

DIE BIENENKÖNIGIN. Im Wald unter dem Moos lagen tausend Perlen der Königstochter. Dem dritten Sohn, dem Dummling, halfen die Ameisen, sie in einer Nacht herauszulesen, da durfte er die Prinzessin heiraten.

Dem Jüngling im Märchen DIE WEISSE SCHLANGE helfen Waldameisen, die er geschont hatte.

Im Märchen DIE SECHS SCHWÄNE jagte ein König in einem großen Wald, verirrte sich und begegnete einer Hexe.

BLAUBART. Im Walde lebte ein Mann mit drei Söhnen und einer schönen Tochter. In goldenem Wagen kam der König vorgefahren und nahm die Tochter mit, sie sollte seine Gemahlin werden. Nichts war an dem Freier auszusetzen, nur daß er einen blauen Bart hatte. Das Mädchen hatte Angst und sagte den Brüdern, kommt, wenn ihr mich schreien hört. Die Brüder versprachen es. Der König ging auf Reisen, die Königin ging im Schloß herum, schloß auch die verbotene Tür auf mit dem goldenen Schlüssel und sah die toten Weiber hängen. Der König kam wieder, sie konnte sich nicht retten, sie soll nun auch in die Kammer hinein. Der König wetzte das Messer. Ein Gebet wurde erlaubt. Sie rief ihre Brüder. In Windeseile waren sie da, retteten die Schwester im letzten Augenblick.

Ach wem gehört der schöne Wald? Der gehört dem KÖNIG DROSSELBART; hättst du ihn genommen, so wär er dein.

DIE GOLDKINDER. Der eine kam wieder heim zu seinem Vater, der andere tarnte seine goldene Haut und sein goldenes Pferd mit Bärenfellen und ritt in den Wald voller Räuber hinein.

Der arme der ZWEI BRÜDER sah beim Reisigsammeln im Wald einen goldenen Vogel. Mit einem Stein traf er ihn, und eine goldene Feder flog herab. Er brachte sie seinem reichen Bruder, der gab ihm viel Geld dafür. Der Reiche wollte aber den ganzen Vogel. Er bekam ihn, die beiden Kinder des Armen aßen Herz und Leber des Vogels und fanden jeden Morgen Goldstücke unter den Kopfkissen. Sie seien mit dem Teufel im Bund, sagte der Reiche, und der Arme führte seine beiden Söhne in den Wald. Dort gerieten sie in ein großes Abenteuer, das sie in Brudertreue bestanden.

DER JUNGE RIESE riß im Wald die Bäume aus und war so stark, daß seine Mutter ihn nicht erkannte, Angst vor ihm hatte und ihn wegschickte.

DER STARKE HANS kommt als kleines Kind im Wald mit seiner Mutter in die Gewalt von Räubern. Er wird immer stärker, erwirbt einen Zauberring und einen Zauberstab und befreit endgültig die Jungfrau. Dann kehrt er mit ihr zu Vater und Mutter zurück.

SECHSE KOMMEN DURCH DIE GANZE WELT. Fünf Männer, von denen jeder eine ganz besondere Stärke hatte, schlossen sich in einem Wald dem ausgedienten Soldaten an und kamen gemeinsam zu Reichtum.

Ein abgedankter Soldat trifft im Wald den Teufel als kleines Männlein. Dem dient er sieben Jahre in der Hölle. Er durfte sich nicht waschen, nicht schnippen, nicht kämmen, Haare und Nägel nicht schneiden und kein Wasser aus den Augen wischen. Da war er DES TEUFELS RUSSIGER BRUDER, kam in den Wald zurück und hatte Gold im Ranzen.

Ein furchtloser Soldat nimmt seinen Wettermantel, seinen STIEFEL AUS BÜFFELLEDER, geht querfeldein und in den

Wald. Mit Bruder Wichsstiefel, einem Jäger, zusammen gerät er in das Haus der zwölf Räuber. Er besiegt sie, der Jäger entpuppt sich am Ende als der König, dem der Soldat das Leben gerettet hat.

DER TEUFEL UND SEINE GROẞMUTTER. Drei arme Soldaten tun sich nach einem großen Krieg zusammen. Die beiden traurigen bleiben vor dem Wald, der lustige dritte traut sich hinein, kommt zu des Teufels Großmutter und kann mit ihrer Hilfe das Rätsel des Teufels lösen. So können die drei das Peitschchen behalten, das Geld hervorschlägt.

Ein alter Soldat wird ohne Sold fortgeschickt. Im Walde sieht er ein Licht, kommt ins Hexenhaus, wo er drei Aufgaben erfüllen muß. Eine davon ist, DAS BLAUE LICHT zu holen. Am Ende rettet es ihn, als er daran seine Tabakspfeife anzündet.

DER WOLF UND DER FUCHS gingen durch den Wald, der Wolf war stärker und sagte, schaff mir was zu fressen, oder ich fresse dich. Aber der Fuchs war schlauer und ließ den vollgefressenen Wolf in der Falle.

DER ZAUNKÖNIG UND DER BÄR. Bär und Wolf hören im Wald den Gesang des Königs der Vögel. Der Bär findet ein Nest, er hatte einen Palast erwartet. Die Kinder des Zaunkönigs sitzen darin, die nennt er unehrlich. Daraus entsteht eine Schlacht der Tiere, die der Bär verliert. Da tut er Abbitte.

DER FUCHS UND DIE KATZE begegnen sich im Wald, die Katze ist wißbegierig, der Fuchs hochmütig. Am Ende kann sich die Katze auf einen Baum retten, den Fuchs fangen die Hunde des Jägers.

HANS MEIN IGEL ist oben ein Igel und unten ein Junge. Im Wald sitzt er auf dem hohen Baum, spielt Dudelsack und hütet Schweine und Esel. Er hilft verirrten Königen aus dem Dickicht und wird von einer Prinzessin erlöst.

BRUDER LUSTIG kam mit dem heiligen Petrus in einen Wald, kochte das Lamm, aß das Herz, während Petrus umherging. Als er wiederkam, wollte er vom Lamm nichts als das Herz, aber Bruder Lustig sagte, ein Lamm hat kein Herz.
DIE RABE. Eine Mutter verwünschte ihr unruhiges Töchterchen in den schwarzen Vogel. Die Rabe flog in einen dunklen Wald und blieb dort lange Zeit. Sie war aber eine Königstochter, die von einem Mann, der sie im Wald sah, erlöst werden sollte.
DAS WASSER DES LEBENS brachte der dritte Sohn des Königs endlich seinem kranken Vater. Es wirkte nicht, und er sollte dafür im Wald von einem Jäger erschossen werden. Der kann das nicht tun und sie wechseln die Kleider.
DER GELERNTE JÄGER sieht im großen Wald nachts von einem Baum aus ein Licht, findet drei Riesen, mit denen er die schöne Königstochter auf dem Schloßturm erobern will, die er endlich für sich alleine bekommt.
DIE FAULE SPINNERIN schickte ihren Mann in den Wald, mit der Axt Haspelholz zu schlagen. Sie setzte sich ins Gebüsch und rief: Wer Haspelholz haut, der stirbt, wer da haspelt, der verdirbt.
DER FRIEDER UND DAS CATHERLIESCHEN gingen in den Wald und suchten die Spitzbuben.
Der Dummling im Märchen DIE GOLDENE GANS ist freundlich zu dem grauen Männlein im Wald, dafür kann er einen Baum fällen, in dessen Wurzeln eine Gans mit goldenen Federn sitzt.
PRINZESSIN MÄUSEHAUT. Die jüngste Tochter sagte, sie liebe ihren Vater, den König so sehr wie Salz. Dafür sollte sie der Diener im Wald töten. Er verschonte die Prinzessin. In einem Kleid aus Mäusehaut ging sie an eines andern Königs Hof, der sie zur Frau nahm. Zur Hochzeit kam auch ihr Vater. Beim Festmahl waren alle Speisen ungesalzen. Ich

will lieber nicht leben, als solche Speisen essen, sagte er. Da zeigte sich ihm die längst totgeglaubte Tochter. Er küßte sie, bat sie um Verzeihung und hatte sie lieber als sein Königreich und alle Edelsteine der Welt.

Zum Schluß wie am Anfang der vielen Geschichten vom Wald steht ein Märchen vom Salz. Salz ist das Besondere, das Notwendige, das Kostbare. Es würzt, es heilt, es brennt, es macht die Rede weise.

Vom Wald, könnte man meinen, sei fast alles gesagt, wenn man die Märchen befragt. Unerschöpflicher Vorrat, reicher Stoff. Nichts ist dort verbraucht und aufgezehrt. Vom Wald, könnte man denken, sei schon viel gesagt, wenn man die Naturkunde befragt. Seine Natur scheint ziemlich aufgeklärt, und es ist gut zu wissen, wie des Menschen Leben von seinem Leben abhängt, von dieser Pflanzengesellschaft aus Mikroben, Pilzen, Flechten, Moos und Farnen, aus Gras und Kräutern, Sträuchern und Bäumen, die wir Wald nennen. Wälder halten den großen Kreislauf des Wassers in Gang, sorgen für Tau und Regen. »Vom Himmel kommt es, zum Himmel steigt es, und wieder nieder zur Erde muß es, ewig wechselnd«, dichtet Goethe, und vergleicht des Menschen Seele mit dem Wasser. Wie sehr diese Seele aber dem Wald gleicht, erfahren wir durch Märchen.

»Denn im Walde der Symbole, die keine sind,
schweigen die Vöglein der Deutung, die keine ist, nie.«
Samuel Beckett 1937 in einem Brief in deutscher Sprache an seinen Buchhändlerfreund Axel Kaun in Berlin

Aigremont, Dr., Pseudonym für Sigmar v. Schultze-Gallera, Volkserotik und Pflanzenwelt, Halle und Leipzig 1908/09

Albertinus Aegidius, Haußpolicey, München 1602

Autrum, Hansjochem, Biologie – Entdeckung einer Ordnung, München 1970

Balss, Heinrich, Albertus Magnus als Biologe, Stuttgart 1947

Beckett, Samuel, Disjecta, Miscellaneous Writings and a Dramatic Fragment, London 1983

Beit, Hedwig von, Symbolik des Märchens, Bern 1960

Belgrader, Michael, Das Märchen von dem Machandelboom, Frankfurt am Main und Bern 1980

Bernatzky, Alois, Baum und Mensch, Frankfurt am Main 1973

–, Leben mit Bäumen, Wiesbaden 1988

Bettelheim, Bruno, Kinder brauchen Märchen, Stuttgart 1977

Beuchert, Marianne, Symbolik der Pflanzen, Frankfurt am Main 1995

Biedermann, Hans, Sagaheim: Verborgene Weisheit in alten Märchen, München 1990

Bittlinger, Arnold, Grimms Märchen tiefenpsychologisch, München 1994

Bock, Hieronymus, Kräutterbuch des Weitberühmten und Hocherfahrenen Herrn Hieronymi Tragi genannt Bock, Straßburg 1637

Bockemühl, Almut, Sinnesbilder und Seelenbilder, Stuttgart 1997

Böhm-Korff, Regina, Deutung und Bedeutung von »Hänsel und Gretel«, Frankfurt am Main 1991

Brosse, Jacques, Mythologie der Bäume, Olten und Freiburg i. Brsg. 1990

–, Magie der Pflanzen, Olten und Freiburg i. Brsg., 1992
Brühl, Carlrichard, Hrsg., Capitulare de Villis, Cod. Guelf. 254 der Herzog August Bibliothek Wolfenbüttel, Stuttgart 1971
Dieckmann, Hans, Gelebte Märchen, Zürich 1991
Diederichs, Ulf, Who is who im Märchen, München 1995
Dierbach, Johann Heinrich, Flora Mythologica oder Pflanzenkunde in bezug auf Mythologie und Symbolik der Griechen und Römer, Frankfurt am Main 1833
Dioscurides, Pedianus, Kreutter Buch (De materia medica), verdeutscht durch Johann Dantzen, Franckfurt am Mayn 1546
Drewermann, Eugen, Schneeweißchen und Rosenrot, Grimms Märchen tiefenpsychologisch gedeutet, Olten 1983
–, Die kluge Else, Rapunzel, tiefenpsychologisch gedeutet, Olten 1986
–, Arzt und Tod im Märchen, Olten 1990
–, »Lieb Schwesterlein, laß mich herein«, München 1992
Duerr, Hans Peter, Traumzeit, über die Grenze zwischen Wildnis und Zivilisation, Frankfurt am Main 1978
Eça de Queiroz, José Maria, Die Rose, Frankfurt am Main und Leipzig 1997
Ennulat, Gertrud, Wo die Waldfrau wirkt, Zürich und Düsseldorf 1996
Fetscher, Iring, Wer hat Dornröschen wachgeküßt? Hamburg und Düsseldorf 1972
Fischer Benzon, Rudolf von, Altdeutsche Gartenflora, Kiel und Leipzig 1885
Fischer, Hermann, Die Heilige Hildegard von Bingen, die erste deutsche Naturforscherin und Ärztin, München 1927
–, Mittelalterliche Pflanzenkunde, Geschichte der Wissenschaften: Botanik, München 1929
Forstner, Dorothea, Die Welt der christlichen Symbole, Innsbruck, Wien, München 1977
Franz, Marie-Louise von, Der Schatten des Bösen im Märchen, München 1985
–, Erlösungsmotive im Märchen, München 1986

Friedreich, J. B., Symbolik und Mythologie der Natur, Würzburg 1859

Gallwitz, Esther, Kleiner Kräutergarten, Kräuter und Blumen bei den Alten Meistern im Städel, Frankfurt am Main 1992

–, Ein wunderbarer Garten, Die Pflanzen des Genter Altars, Frankfurt am Main 1996

Geiger, Rudolf, Märchenkunde, Stuttgart 1991

Genlis, Stéphanie Félicité, Comtesse de Saint-Aubin, Die Botanik der Geschichte und der Literatur, Bamberg 1817

Grätz, Manfred, Das Märchen in der deutschen Aufklärung, Stuttgart, 1988

Grimm, Jacob und Wilhelm, Kinder- und Hausmärchen, gesammelt durch die Brüder Grimm, Neue kommentierte Edition, Frankfurt am Main 1985

–, Deutsches Wörterbuch, Neue Auflage, München 1991

Gunkel, Hermann, Das Märchen im Alten Testament, Frankfurt am Main 1987

Günther, Jörg-Michael, Der Fall Rotkäppchen, Frankfurt am Main 1990

Handwörterbuch des Deutschen Aberglaubens, Hrsg. Eduard Hoffmann-Krayer und de Gruyter, Berlin und Leipzig 1927-1942

Hegi, Gustav, Illustrierte Flora von Mitteleuropa, Neue Auflage Berlin und Hamburg seit 1967

Heindrichs, Ursula, Heinz Albert Heindrichs und Ulrike Kammerhofer, Hrsg., Tod und Wandel im Märchen, Regensburg 1991

Heindrichs, Ursula und Heinz Albert Heindrichs, Hrsg., Märchen und Schöpfung, Regensburg 1993

–, Das Märchen und die Künste, Wolfsegg 1996

Heinz-Mohr, Gerd und Volker Sommer, Die Rose, Entfaltung eines Symbols, München 1988

Hetmann, Frederik, Traumgesicht und Zauberspur, Frankfurt am Main 1982

Imbach, Joseph, Die Hunde, die Vögel, die Fische und der Papst, Würzburg 1996

Jacoby, Mario, Verena Kast und Ingrid Riedel, Das Böse im Märchen, Fellbach 1978

Kampers, Franz, Mittelalterliche Sagen vom Paradiese und vom Holze des Kreuzes Christi, Köln 1897
Karlinger, Felix, Zauberschlaf und Entwicklung, Wien 1986
Kobell, Fr. v., Über Pflanzensagen und Pflanzensymbolik, München 1875
Kürthy, Tamás, Dornröschens zweites Erwachen, Hamburg 1985
Lauer, Bernhard, Rapunzel: Tradition eines europäischen Märchenstoffs in Dichtung und Kunst, Ausstellungskatalog Brüder Grimm Museum Kassel 1985
Lundgreen, Friedrich, Die Benutzung der Pflanzenwelt in der alttestamentarischen Religion, Giessen 1908
Lurker, Manfred, Die Botschaft der Symbole, München 1990
Lüthi, Max, Vom Wesen des Volksmärchens, Göttingen 1962
–, Das europäische Volksmärchen, Tübingen und Basel 1997
Märchenkongreß, Internationaler 1989, Tod und Wandel im Märchen, Nachmittagsvorträge, Hrsg. Salzburger Landesinstitut für Volkskunde, Ulrike Kammerhofer, Salzburg 1990
Marzell, Heinrich, Pflanzen im Deutschen Volksleben, Jena 1925
–, Volksbotanik, Berlin 1935
–, Geschichte und Volkskunde der deutschen Heilpflanzen, Stuttgart 1938
–, Wörterbuch der deutschen Pflanzennamen, Leipzig 1937-1956
Megenberg, Konrad von, Das Buch der Natur, Hrsg. Franz Pfeiffer, Stuttgart 1857
Mercatante, Anthony, Der magische Garten, Zürich 1980
Meyer, Ernst H. F., Geschichte der Botanik, Königsberg 1854-1857
Müller, Irmgard, Die pflanzlichen Heilmittel bei Hildegard von Bingen, Freiburg i. Brsg. 1993
Paede, Paul, Krankheit, Heilung und Entwicklung im Spiegel der Märchen, Frankfurt am Main 1986
Perger, Anton Ritter von, Deutsche Pflanzensagen, Stuttgart 1864
Propp, Wladimir, Die historischen Wurzeln des Zaubermärchens, München und Wien 1987
Ranke-Graves, Robert von, Die weiße Göttin, Sprache des Mythos, Hamburg 1985

Rätsch, Christian, Lexikon der Zauberpflanzen aus ethnologischer Sicht, Graz 1988
Rebholz, Dore, Der Wald im deutschen Märchen, Heidelberg 1944
Reling, H. und Bonhorst J., Unsere Pflanzen nach ihren deutschen Volksnamen ... in Sitte, Sage und Literatur, Gotha 1904
Reling, Hermann und Dr. Paul Brohmer, Unsere Pflanzen, Dresden 1922
Röhrich, Lutz, Märchen und Wirklichkeit, Wiesbaden 1956
–, Wage es, den Frosch zu küssen, Köln 1987
Roters, Eberhard in: Waldungen, Ausstellungskatalog der Akademie der Künste, Berlin 1987
Röth, Dieter und Walter Kahn, Hrsg., Märchen und Märchenforschung in Europa, Frankfurt am Main 1993
Rüttner-Cova, Sonja, Frau Holle, die gestürzte Göttin, Basel 1986
Scherf, Walter, Lexikon der Zaubermärchen, Stuttgart 1982
–, Enzyklopädie des Märchens, Berlin 1984
–, Die Herausforderung des Dämons, München 1987
–, Das Märchen Lexikon, München 1995
Schlender, Timur, Der Schwarzwald in Mythen, Märchen und Erzählungen, München 1988
Schöll, Friedrich, Gott-Natur in Mythos und Märchen, Wildbad 1986
Schöpf, Hans, Zauberkräuter, Graz 1986
Schwarz, Paul, Der Sündenfall in Volksglaube und Volkserziehung, Freiburg 1972
Schwenk, Konrad, Die Sinnbilder der alten Völker, Frankfurt am Main 1851
Siegmund, Wolfdietrich, Hrsg., Antiker Mythos in unseren Märchen, Kassel 1984
Simrock, Karl, Handbuch der deutschen Mythologie, Bonn 1874
Spelter, Peter, Die Pflanzenwelt im Glauben und Leben unserer Vorfahren, Hamburg 1900
Stamer, Barbara, Hrsg., Dornröschen und der Rosenberg, Frankfurt am Main 1985
Strabo, Walahfrid, Hortulus, Hrsg. Werner Näf und M. Gabathuber, St. Gallen 1957

Strasburger, Lehrbuch der Botanik für Hochschulen, begründet 1894 von Eduard Strasburger, mehrere Auflagen, bis zur 33., Stuttgart, Jena, New York 1991

Stumpfe, Ortrud, Die Symbolsprache der Märchen, Münster 1978

Sturm, Jakob, Sturms Flora von Deutschland in Abbildungen nach der Natur, Stuttgart 1900-1907

Tabernaemontanus, Jacobus Theodorus aus Bergzabern, Neu vollkommen Kraeuter-Buch, Offenbach 1731

Usteri, Alfred, Die Pflanzenwelt in Sage und Märchen, Basel 1947

Wittmann, Ulla, Ich Narr vergaß die Zauberdinge, Freiburg i. Brsg. 1995

Woeller, Waltraud, Es war einmal ... Illustrierte Geschichte des Märchens, Leipzig 1990

Zander, Robert, Handwörterbuch der Pflanzennamen, Stuttgart 1984

Zohary, Michael, Pflanzen in der Bibel, Stuttgart 1983

insel taschenbuch 2530: Esther Gallwitz, Schneewittchens Apfel. Pflanzen in Grimms Märchen.
Die Märchen sind zitiert nach:
Bibliothek Deutscher Klassiker, Grimms Märchen. Kinder und Hausmärchen, gesammelt durch die Brüder Grimm. Vollständige Ausgabe auf der Grundlage der 3. Auflage (1837). Neue Texte der 4. bis 7. Auflage. Ausgeschiedene Texte der 1. und 2. Auflage. Anmerkungen der Brüder Grimm · Kommentar. Herausgegeben von Heinz Rölleke. Deutscher Klassiker Verlag. Frankfurt am Main 1985.
In den Märchentiteln blieb die originale Schreibweise bestehen. Die Nacherzählungen enthalten ebenfalls viele Worte und Wendungen aus den Originaltexten, die nicht besonders angeführt sind.

Märchen und Sagen
im insel taschenbuch

Alexander N. Afanasjew: Russische Volksmärchen. Übertragen von Werner von Grimm. Herausgegeben von Imogen Delisle-Kupffer. Mit farbigen Illustrationen von Ivan Bilibin. it 1058

Hans Christian Andersen: Märchen. 3 Bände. Mit Illustrationen von Vilhelm Pedersen und Lorenz Frølich. Aus dem Dänischen von Eva-Maria Blühm. it 133

Apuleius: Der goldene Esel. Mit Illustrationen von Max Klinger zu ›Amor und Psyche‹. Aus dem Lateinischen von August Rode. Mit einem Nachwort von Wilhelm Haupt. it 146

Clemens Brentano: Rheinmärchen. In der von Guido Görres herausgegebenen Ausgabe von 1846. Mit Illustrationen von Edward Steinle. it 804

Deutsche Heldensagen. Nacherzählt von Gretel und Wolfgang Hecht. it 345

Deutsche Sagen. 2 Bände. Herausgegeben von den Brüdern Grimm. Mit Illustrationen von Otto Ubbelohde. it 481

Charles A. Eastman: Indianergeschichten aus alter Zeit. Deutsch von Elisabeth Friederichs. Mit einem Nachwort herausgegeben von Dietrich Leube. Illustrationen und Anmerkungen von Frederick Weygold. it 861

Erotische Geschichten aus den Tausendundein Nächten. Aus dem arabischen Urtext der Wortley-Montague-Handschrift übertragen und herausgegeben von Felix Tauer. it 704

Die Erzählungen aus den Tausendundein Nächten. Vollständige deutsche Ausgabe in zwölf Bänden. Zum ersten Mal nach dem arabischen Urtext der Calcuttaer Ausgabe aus dem Jahre 1839. Übertragen von Enno Littmann. it 224

Geschichten aus dem Mittelalter. Herausgegeben von Hermann Hesse. Aus dem Lateinischen übersetzt von Hermann Hesse und J. G. T. Graesse und mit Nacherzählungen von Leo Greiner. Neu zusammengestellt von Volker Michels. it 161

Geschichten der Liebe aus den 1001 Nächten. Aus dem arabischen Urtext übertragen von Enno Littmann. Mit acht farbigen Miniaturen. it 38

Johann Wolfgang Goethe: Märchen. Der neue Paris. Die neue Melusine. Das Märchen. Herausgegeben und erläutert von Katharina Mommsen. it 825

– Reineke Fuchs. Mit Stahlstichen nach Zeichnungen von Wilhelm Kaulbach. it 125

160/1/12.96

Märchen und Sagen
im insel taschenbuch

Golem! Geschichten, Gedichte und Bilder um eine Legende. Herausgegeben von Franz-Heinrich Hackel. it 1674

Jacob Grimm / Wilhelm Grimm: Kinder- und Hausmärchen, gesammelt durch die Brüder Grimm. In drei Bänden. Mit Zeichnungen von Otto Ubbelohde und einem Vorwort von Ingeborg Weber-Kellermann. it 829

– Kinder- und Hausmärchen, gesammelt durch die Brüder Grimm. Kleine Ausgabe von 1858. Mit Illustrationen von Ludwig Pietsch und einem Nachwort von Heinz Rölleke. it 842

Grimms Märchen, wie sie nicht im Buche stehen. Herausgegeben und erläutert von Heinz Rölleke. it 1551

Wilhelm Hauff: Märchen. Erster Band. Herausgegeben von Bernhard Zeller. Mit Illustrationen von Theodor Weber, Theodor Hosemann und Ludwig Burger. it 216

Hermann Hesse: Die Märchen. Zusammengestellt von Volker Michels. Großdruck. it 2349

– Piktors Verwandlungen. Ein Liebesmärchen, vom Autor handgeschrieben und illustriert, mit ausgewählten Gedichten und einem Nachwort versehen von Volker Michels. it 122

– Die Stadt. Ein Märchen, ins Bild gebracht von Walter Schmögner. it 236

– Der Zwerg. Ein Märchen. Mit Illustrationen von Rolf Köhler. it 636

E. T. A. Hoffmann: Der goldne Topf. Ein Märchen aus der neuen Zeit. Mit 13 Illustrationen von Karl Thylmann. Herausgegeben und mit einem Nachwort von Jochen Schmidt. it 570

Indianermärchen. Nach amerikanischen und deutschen Quellen herausgegeben und erläutert von Hugo Kunike. it 764

Irische Elfenmärchen. In der Übertragung der Brüder Grimm. it 988

Keltische Sagen. Aus dem Gälischen übertragen von Rudolf Thurneysen. Herausgegeben und mit einem Nachwort von Renate Brendel. it 1307

Jean de La Fontaine: Die schönsten Fabeln. Aus dem Französischen von Thomas Keck. Mit farbigen Illustrationen von Rolf Köhler und einem Nachwort von Jürgen von Stackelberg. it 1451

Märchen aus Babylon. Mythen und Sagen des Zweistromlandes. Nacherzählt von Hans Wuessing. Mit zahlreichen Abbildungen. it 1558

Märchen der Romantik. Mit zeitgenössischen Illustrationen. Herausgegeben von Maria Dessauer. it 285

Märchen deutscher Dichter. Ausgewählt von Elisabeth Borchers. it 13

160/2/12.96

Märchen und Sagen
im insel taschenbuch

Märchen zur Weihnacht. Ein Hausbuch für groß und klein. Herausgegeben von Franz-Heinrich Hackel. it 1649

Friedrich de la Motte-Fouqué: Undine. Ein Märchen von Friedrich de la Motte-Fouqué. Musik von E.T.A. Hoffmann. Mit Bildern von Karl Friedrich Schinkel. Mit einem Essay von Ute Schmidt-Berger. it 1353

Johann Karl August Musäus: Rübezahl. Für die Jugend von Christian Morgenstern. Mit Illustrationen von Max Slevogt. it 73

Die Nibelungen. In der Wiedergabe von Franz Keim. Mit Illustrationen von Carl Otto Czeschka. Mit einem Vor- und Nachwort von Helmut Brackert. Im Anhang die Nacherzählung ›Die Nibelungen‹ von Gretel und Wolfgang Hecht. it 14

Das Papageienbuch Tuti Nameh. Orientalische Geschichten. Übersetzt von Georg Rosen. it 1624

Russische Märchen. Nacherzählt von Elisabeth Borchers. Mit den Illustrationen von Ivan Bilibin. it 1608

Sagen der Juden zur Bibel. Die ersten Menschen und Tiere, Abraham, Isaak und Jakob, Joseph und seine Brüder, Mose, der Mann Gottes, Juda und Israel. Aus dem Hebräischen von Rahel bin Gorion. Auswahl und Nachbemerkung von Emanuel bin Gorion. it 420

Wolfgang Schadewaldt: Sternsagen. Mit Illustrationen aus dem 18. Jahrhundert. it 234

Die schönsten Märchen aus 1001 Nacht. Nacherzählt von Günter Eich. Herausgegeben von Karl Karst. it 1740

Gustav Schwab: Sagen des klassischen Altertums. 3 Bde. Mit sechsundneunzig Zeichnungen von John Flaxman und einem Nachwort von Manfred Lemmer. it 127

Oscar Wilde: Die Erzählungen und Märchen. Mit Illustrationen von Heinrich Vogeler. Aus dem Englischen übersetzt von Felix Paul Greve und Franz Blei. it 5

– Die schönsten Märchen. Großdruck. it 2355

160/3/12.96

Klassische deutsche Literatur im insel taschenbuch

Bettine von Arnim: Goethes Briefwechsel mit einem Kinde. Herausgegeben und eingeleitet von Waldemar Oehlke. Mit zeitgenössischen Abbildungen. it 767

– Die Günderode. Mit einem Essay von Christa Wolf. it 702

Ludwig Börne: Spiegelbild des Lebens. Aufsätze zur Literatur. Erweiterte Neuausgabe. Ausgewählt und eingeleitet von Marcel Reich-Ranicki. it 1578

Hermann Bote: Till Eulenspiegel. Ein kurzweiliges Buch aus dem Lande Braunschweig. Wie er sein Leben vollbracht hat. Sechsundneunzig seiner Geschichten. Herausgegeben, in die Sprache unserer Zeit übertragen und mit Anmerkungen versehen von Siegfried H. Sichtermann. Mit zeitgenössischen Illustrationen. it 336

Clemens Brentano: Rheinmärchen. In der von Guido Görres herausgegebenen Ausgabe von 1846. Mit Illustrationen von Edward Steinle. it 804

– Gedichte. Erzählungen. Briefe. Herausgegeben von Hans Magnus Enzensberger. it 557

Die Briefe von Goethes Mutter. Gesammelt und herausgegeben von Albert Körner. Mit einem Nachwort von Karl Riha. it 1550

Georg Büchner: Lenz. Erzählung. Mit Oberlins Aufzeichnungen ›Der Dichter Lenz, im Steinthale‹, ausgewählten Briefen von J. M. R. Lenz und einem Nachwort von Jürgen Schröder. it 429

– Leonce und Lena. Ein Lustspiel. Mit farbigen Illustrationen von Karl Walser und einem Nachwort von Jürgen Schröder. it 594

– Woyzeck. Nach den Handschriften neu herausgegeben und kommentiert von Henri Poschmann. it 846

Gottfried August Bürger: Wunderbare Reisen zu Wasser und zu Lande. Feldzüge und lustige Abenteuer des Freiherrn von Münchhausen, wie er dieselben bei der Flasche im Zirkel seiner Freunde selbst zu erzählen pflegt. Mit den Holzschnitten von Gustave Doré. it 207

Wilhelm Busch: Kritisch-Allzukritisches. Gedichte. Ausgewählt und mit einem Nachwort von Theo Schlee. Mit Illustrationen von Wilhelm Busch. it 52

Adelbert von Chamisso: Peter Schlemihls wundersame Geschichte. Nachwort von Thomas Mann. Illustriert von Emil Preetorius. it 27

Matthias Claudius: Der Wandsbecker Bote. Mit einem Vorwort von Peter Suhrkamp und einem Nachwort von Hermann Hesse. it 130

Annette von Droste-Hülshoff: Geistliches Jahr. Gedichte. it 1885

– Die Judenbuche. Ein Sittengemälde aus dem gebirgichten Westfalen. Mit Illustrationen von Max Unold. it 399

161/1/12.96

Klassische deutsche Literatur im insel taschenbuch

Annette von Droste-Hülshoff: Sämtliche Erzählungen. Herausgegeben von Manfred Häckel. it 1521
– Sämtliche Gedichte. Mit einem Nachwort von Ricarda Huch. it 1092

Marie von Ebner-Eschenbach: Dorf- und Schloßgeschichten. Mit einem Nachwort von Joseph Peter Strelka. it 1272

Johann Peter Eckermann: Gespräche mit Goethe in den letzten Jahren seines Lebens. 2 Bde. Herausgegeben von Fritz Bergemann. it 500

Joseph von Eichendorff: Aus dem Leben eines Taugenichts. Mit Illustrationen von Adolf Schrödter und einem Nachwort von Ansgar Hillach. it 202
– Gedichte. Mit Zeichnungen von Otto Ubbelohde. Herausgegeben von Traude Dienel. it 255
– Gedichte. In chronologischer Folge herausgegeben von Hartwig Schultz. it 1060
– Novellen und Gedichte. Ausgewählt und eingeleitet von Hermann Hesse. it 360

Theodor Fontane: Briefe an Georg Friedlaender. Herausgegeben und mit einem Nachwort versehen von Walter Hettche. it 1565
– Cécile. Mit einem Nachwort von Walter Müller-Seidel. it 689
– Effi Briest. Mit 21 Lithographien von Max Liebermann. it 138 und Großdruck. it 2340
– Frau Jenny Treibel oder ›Wo sich Herz zum Herzen findt‹. Roman. Mit einem Nachwort von Richard Brinkmann. it 746
– Grete Minde. Mit einem Nachwort von Peter Demetz. it 1157
– Herr von Ribbeck auf Ribbeck. Gedichte und Balladen. Herausgegeben von Gottfried Honnefelder. it 1446
– Irrungen, Wirrungen. Mit einem Nachwort von Walther Killy. it 771
– Jenseit des Tweed. Bilder und Briefe aus Schottland. Mit zahlreichen Abbildungen und einem Nachwort herausgegeben von Otto Drude. it 1066
– Kriegsgefangen. Erlebnisse 1870. Herausgegeben von Otto Drude. Mit zahlreichen Abbildungen. it 1437
– Mathilde Möhring. Mit einem Nachwort von Peter Demetz. it 1107
– Meine Kinderjahre. Autobiographischer Roman. Mit einem Nachwort von Otto Drude. it 705
– Die Poggenpuhls. Roman. it 1271
– Schach von Wuthenow. Erzählung aus der Zeit des Regiments Gendarmes. Mit einem Nachwort von Benno von Wiese. it 816
– Ein Sommer in London. Mit einem Nachwort von Harald Raykowski. it 1723

161/2/12.96

Klassische deutsche Literatur
im insel taschenbuch

Theodor Fontane: Ein Sommer in London. Mit einem Nachwort von Harald Raykowski. it 1723
– Der Stechlin. Mit einem Nachwort von Walter Müller-Seidel. it 152
– Stine. Roman. Mit einem Nachwort von Peter Demetz. it 899
– Unwiederbringlich. Roman. it 1593
– Vor dem Sturm. Roman, aus dem Winter 1812 auf 13. Mit einem Nachwort von Hugo Aust. it 583
Georg Forster: Reise um die Welt. Herausgegeben und mit einem Nachwort von Gerhard Steiner. it 757
Johann Wolfgang Goethe: Erotische Gedichte. Gedichte, Skizzen und Fragmente. Herausgegeben von Andreas Ammer. it 1225
– Faust. Erster Teil. Nachwort von Jörn Göres. Illustrationen von Eugène Delacroix. it 50
– Faust. Zweiter Teil. Mit Federzeichnungen von Max Beckmann. Mit einem Nachwort zum Text von Jörn Göres und zu den Zeichnungen von Friedhelm Fischer. it 100
– Gedichte. Sämtliche Gedichte in zeitlicher Folge. Herausgegeben von Heinz Nicolai. it 1400
– Hermann und Dorothea. Mit Aufsätzen von August Wilhelm Schlegel, Wilhelm von Humboldt, Georg Wilhelm Friedrich Hegel und Hermann Hettner. Mit zehn Kupfern von Catel. it 225
– Italienische Reise. Mit vierzig Zeichnungen des Autors. Herausgegeben und mit einem Nachwort versehen von Christoph Michel. it 175
– Tagebuch der Italienischen Reise 1786. Notizen und Briefe aus Italien. Mit Skizzen und Zeichnungen des Autors. Herausgegeben und erläutert von Christoph Michel. it 176
– Die Leiden des jungen Werther. Mit einem Essay von Georg Lukács und einem Nachwort von Jörn Göres. Mit zeitgenössischen Illustrationen von Daniel Nikolaus Chodowiecki und anderen. it 25
– Märchen. Der neue Paris. Die neue Melusine. Das Märchen. Herausgegeben und erläutert von Katharina Mommsen. it 825
– Der Mann von funfzig Jahren. Mit einem Nachwort von Adolf Muschg. it 850
– Maximen und Reflexionen. Text der Ausgabe von 1907 mit den Erläuterungen und der Einleitung Max Heckers. Nachwort von Isabella Kuhn. it 200
– Novellen. Herausgegeben und mit einem Nachwort versehen von Katharina Mommsen. Mit Federzeichnungen von Max Liebermann. it 425

161/3/12.96

Klassische deutsche Literatur im insel taschenbuch

Johann Wolfgang Goethe: Rameaus Neffe. Ein Dialog von Denis Diderot. Übersetzt von Goethe. Zweisprachige Ausgabe. Mit Zeichnungen von Antoine Watteau und einem Nachwort von Horst Günther. it 1675

– Reineke Fuchs. Mit Stahlstichen nach Zeichnungen von Wilhelm Kaulbach. it 125

– Römische Elegien und Venezianische Epigramme. Herausgegeben von Regine Otto. it 1150

– Sollst mir ewig Suleika heißen. Briefwechsel mit Marianne und Johann Jakob Willemer. Herausgegeben von Hans-J. Weitz. it 1475

– Verweile doch. 111 Gedichte mit Interpretationen. Herausgegeben von Marcel Reich-Ranicki. it 1775

– Die Wahlverwandtschaften. Ein Roman. Erläuterungen von Hans-J. Weitz. Mit einem Essay von Walter Benjamin. it 1 und it 1639

– West-östlicher Divan. Mit Essays zum ›Divan‹ von Hugo von Hofmannsthal, Oskar Loerke und Karl Krolow. Herausgegeben und mit Erläuterungen versehen von Hans-J. Weitz. it 75

– Wilhelm Meisters Lehrjahre. Herausgegeben von Erich Schmitt. Mit sechs Kupferstichen von Catel, sieben Musikbeispielen und Anmerkungen. it 475

– Wilhelm Meisters Wanderjahre oder die Entsagenden. Mit einem Nachwort von Adolf Muschg. it 575

Goethe für junge Leser. Mit einem Vorwort und allerlei Kommentaren und Zwischenreden des Herausgebers Jörg Drews. it 1825

Goethes Briefe an Charlotte von Stein. 3 Bde. in Kassette. Herausgegeben von Julius Petersen. it 1125

Goethes Gedanken über Musik. Eine Sammlung aus seinen Werken, Briefen, Gesprächen und Tagebüchern. Herausgegeben von Hedwig Walwei-Wiegelmann. Mit achtundvierzig Abbildungen, erläutert von Hartmut Schmidt. it 800

Goethes Liebesgedichte. Herausgegeben von Hans Gerhard Gräf mit einem Nachwort von Emil Staiger. it 275

Der Briefwechsel zwischen Schiller und Goethe. 2 Bde. Herausgegeben von Emil Staiger. Mit Illustrationen. Bildkommentar von Hans-Georg Dewitz. it 250

Johann Wolfgang Goethe / Friedrich von Schiller: Sämtliche Balladen und Romanzen in zeitlicher Folge. Herausgegeben von Karl Eibl. it 1275M

Manfred Wenzel: Goethe und die Medizin. Selbstzeugnisse und Dokumente. Herausgegeben von Manfred Wenzel. Mit zahlreichen Abbildungen. it 1350

161/4/12.96

Klassische deutsche Literatur
im insel taschenbuch

Jeremias Gotthelf: Die schwarze Spinne. Mit Illustrationen von Renate Sendler-Peters. it 991

Hans Jakob Christoffel von Grimmelshausen: Der abenteuerliche Simplicissimus. Mit Zeichnungen von Fritz Kredel. it 739

Grimms Märchen, wie sie nicht im Buche stehen. Herausgegeben und erläutert von Heinz Rölleke. it 1551

Karoline von Günderode: Gedichte. Herausgegeben von Franz Josef Görtz. it 809

Johann Christian Günther: Die Gedichte. Herausgegeben von Franz-Heinrich Hackel. it 1702

Wilhelm Hauff: Märchen. Erster Band. Herausgegeben von Bernhard Zeller. Mit Illustrationen von Theodor Weber, Theodor Hosemann und Ludwig Burger. it 216

Johann Peter Hebel: Kalendergeschichten. Ausgewählt und mit einem Nachwort von Ernst Bloch. Mit neunzehn Holzschnitten von Ludwig Richter. it 17

– Schatzkästlein des rheinischen Hausfreundes. Nachdruck der Ausgabe von 1811 sowie sämtliche Kalendergeschichten aus dem »Rheinländischen Hausfreund« der Jahre 1808-1819. Herausgegeben und mit einem Nachwort versehen von Jan Knopf. it 719

Heinrich Heine: Buch der Lieder. Mit zeitgenössischen Illustrationen und einem Nachwort von E. Galley. it 33

– Deutschland. Ein Wintermärchen. Mit einem Nachwort von Joseph Peter Strelka. Anhang mit Bibliographie und einer Zeittafel. it 723

– Gedichte aus Liebe. In einer Auswahl von Thomas Brasch. it 1444

– Italien. Mit farbigen Illustrationen von Paul Scheurich. it 1072

– Neue Gedichte. it 1055

– Der Rabbi von Bacherach. Ein Fragment. Mit Illustrationen von Max Liebermann und einem Nachwort von Joseph A. Kruse. it 811

– Reisebilder. Mit einem Nachwort von Joseph A. Kruse und zeitgenössischen Illustrationen. it 444

– Romanzero. Mit einem Nachwort von Joseph A. Kruse und zeitgenössischen Illustrationen. it 538

Johann Gottfried Herder: Lesebuch. Zum 250. Geburtstag. Herausgegeben von Siegfried Hartmut Sunnus. Mit zahlreichen Abbildungen. it 1609

Friedrich Hölderlin: Gedichte. Herausgegeben und mit Erläuterungen versehen von Jochen Schmidt. it 781

– Hyperion oder Der Eremit in Griechenland. Herausgegeben und mit einem Nachwort versehen von Jochen Schmidt. it 365

161/5/12.96

Klassische deutsche Literatur im insel taschenbuch

Friedrich Hölderlin: Die schönsten Gedichte. Ausgewählt und mit einem Nachwort versehen von Jochen Schmidt. it 1508

Hölderlin. Chronik seines Lebens mit ausgewählten Bildnissen. Herausgegeben von Adolf Beck. it 83

E. T. A. Hoffmann: Die Abenteuer der Silvester-Nacht. Mit farbigen Illustrationen von Monika Wurmdobler. it 798

– Die Elixiere des Teufels. Mit Illustrationen von Hugo Steiner-Prag. it 304

– Das Fräulein von Scuderi. Erzählung aus dem Zeitalter Ludwig des Vierzehnten. Mit Illustrationen von Lutz Siebert. it 410

– Die Geheimnisse. Mit einem Nachwort von Eckart Kleßmann. Mit farbigen Illustrationen von Knut V. Neumann. it 1852

– Der goldne Topf. Ein Märchen aus der neuen Zeit. Mit 13 Illustrationen von Karl Thylmann. Herausgegeben und mit einem Nachwort von Jochen Schmidt. it 570

– Lebensansichten des Katers Murr nebst fragmentarischer Biographie des Kapellmeisters Johannes Kreisler in zufälligen Makulaturblättern. Mit Illustrationen von Maximilian Liebenwein. Mit Anmerkungen. it 168

– Nachtstücke. Mit einem Nachwort von Lothar Pikulik und Illustrationen von Renate Sendler-Peters. it 589

– Nußknacker und Mausekönig. Mit farbigen Illustrationen von Monika Wurmdobler. it 879

– Der Sandmann. Mit Illustrationen von Hugo Steiner-Prag und einem Nachwort von Jochen Schmidt. it 934

– Spukgeschichten. Mit farbigen Illustrationen von Monika Wurmdobler. it 1880

Alexander von Humboldt: Über das Universum. Die Kosmos-Vorträge 1827/28 in der Berliner Singakademie. Herausgegeben von Jürgen Hamel und Klaus-Harro Tiemann. it 1540

Jean Paul: Flegeljahre. Eine Biographie. Mit einem Nachwort von Hermann Meyer. it 873

– Leben des vergnügten Schulmeisterlein Maria Wutz in Auenthal. Eine Art Idylle. Mit einem Nachwort von Peter Bichsel. it 1685

– Siebenkäs. Blumen-, Frucht- und Dornenstücke oder Ehestand, Tod und Hochzeit des Armenadvokaten F. St. Siebenkäs im Reichsmarktflecken Kuhschnappel. Mit einem Nachwort von Hermann Hesse. it 980

– Titan. Mit einem Nachwort von Ralph-Rainer Wuthenow. it 671

Das kalte Herz. Und andere Texte der Romantik. Mit einem Essay von Manfred Frank. it 330

161/6/12.96

Klassische deutsche Literatur im insel taschenbuch

Gottfried Keller: Der grüne Heinrich. Erste Fassung. 2 Bde. Mit Zeichnungen Gottfried Kellers und seiner Freunde. it 335
– Die Leute von Seldwyla. Vollständige Ausgabe der Novellensammlung. Mit einem Nachwort von Gerhard Kaiser. it 958
– Romeo und Julia auf dem Dorfe. Mit einem Kommentar und einem Nachwort von Klaus Jeziorkowski. it 756

Justinus Kerner: Die Reiseschatten. Herausgegeben und mit einem Nachwort von Gunter E. Grimm. it 1826

Heinrich von Kleist: Dramen I. Die Familie Schroffenstein. Robert Guiskard. Der zerbrochne Krug. Amphitryon. it 981
– Die Erzählungen. it 1785
– Die Marquise von O... Mit Materialien und Bildern zu dem Film von Eric Rohmer und einem Aufsatz von Heinz Politzer. Herausgegeben von Werner Berthel. Übersetzungen aus dem Französischen von Werner Berthel. it 299
– Michael Kohlhaas. Aus einer alten Chronik. Mit einem Nachwort von Jochen Schmidt. it 1352
– Der zerbrochne Krug. Ein Lustspiel. it 171

August Klingemann: Nachtwachen von Bonaventura. Mit Illustrationen von Lovis Corinth. Herausgegeben und mit einem Nachwort versehen von Jost Schillemeit. it 89

Johann C. Lavater: Von der Physiognomik und Hundert physiognomische Regeln. Herausgegeben und mit einem Nachwort von Karl Riha und Carsten Zelle. Mit zahlreichen Abbildungen. it 1366

Gotthold Ephraim Lessing: Dramen. Mit einem Nachwort herausgegeben von Kurt Wölfel. it 714

Georg Christoph Lichtenberg: Aphorismen. In einer Auswahl. Herausgegeben und mit einem Nachwort versehen von Kurt Batt. it 165
– Sudelbücher. Herausgegeben von Franz H. Mautner. Mit einem Nachwort, Anmerkungen zum Text, einer Konkordanz der Aphorismen-Nummern und einer Zeittafel. it 792

Liselotte von der Pfalz: Briefe. Herausgegeben und eingeleitet von Helmuth Kiesel. Mit zeitgenössischen Portraits. it 428

Märchen der Romantik. Mit zeitgenössischen Illustrationen. Herausgegeben von Maria Dessauer. it 285

Meister Eckhart: Das Buch der göttlichen Tröstung. Ins Neuhochdeutsche übertragen von Josef Quint. it 1005

Conrad Ferdinand Meyer: Jürg Jenatsch. Eine Bündnergeschichte. Mit einem Nachwort von Reto Hänny. it 862

161/7/12.96

Klassische deutsche Literatur
im insel taschenbuch

Eduard Mörike: Die Historie von der schönen Lau. Mit Illustrationen von Moritz von Schwind und einem Nachwort von Traude Dienel. it 72
- Maler Nolten. Novelle in zwei Teilen. Erste Fassung. Mit zeitgenössischen Illustrationen und einem Nachwort von Wolfgang Vogelmann. it 404
- Mozart auf der Reise nach Prag. Eine Novelle. Mit Illustrationen von Hugo Steiner-Prag und einem Nachwort von Traude Dienel. it 376
- Mozart auf der Reise nach Prag. Novelle. Mit Illustrationen von Gunter Böhmer. Großdruck. it 2320
- Eduard Mörikes schönste Erzählungen. Ausgewählt und mit einem Nachwort versehen von Hermann Hesse. Redaktion: Volker Michels. it 1290

Karl Philipp Moritz: Anton Reiser. Ein psychologischer Roman. Mit einem Nachwort von Max von Brück. it 433

Friedrich de la Motte-Fouqué: Undine. Ein Märchen von Friedrich de la Motte-Fouqué. Musik von E.T.A. Hoffmann. Mit Bildern von Karl Friedrich Schinkel. Mit einem Essay von Ute Schmidt-Berger. it 1353

Wilhelm Müller: Die Winterreise und andere Gedichte. Herausgegeben von Hans-Rüdiger Schwab. Mit einem Vorwort von Christian Elsner. it 901

Johann Karl August Musäus: Rübezahl. Für die Jugend von Christian Morgenstern. Mit Illustrationen von Max Slevogt. it 73

Johann Nepomuk Nestroy: Komödien. Herausgegeben von Franz H. Mautner. it 1742

Friedrich Nietzsche: Gedichte. Herausgegeben von Karl Riha. it 1622

Novalis: Aphorismen. Herausgegeben von Michael Brucker. it 1434
- Gedichte. Die Lehrlinge zu Sais – Dialogen und Monolog. Mit einem Nachwort von Jochen Hörisch. it 1010
- Heinrich von Ofterdingen. Herausgegeben von Jochen Hörisch. Mit zeitgenössischen Abbildungen. it 596

August von Platen: Memorandum meines Lebens. Herausgegeben von Gert Mattenklott und Hansgeorg Schmidt-Bergmann. it 1857

August von Platen: Wer wußte je das Leben? Ausgewählte Gedichte. Herausgegeben und mit einem Nachwort von Rüdiger Görner. it 1713

Hermann von Pückler-Muskau: Andeutungen über Landschaftsgärtnerei. Verbunden mit der Beschreibung ihrer praktischen Anwendung in Muskau. Herausgegeben von Günter J. Vaupel. Mit den 44 Ansichten, 4 Grundplänen und einem farbigen Bildteil. it 1024 und it 1819

161/8/12.96

Klassische deutsche Literatur im insel taschenbuch

Hermann von Pückler-Muskau: Briefe eines Verstorbenen. Ein fragmentarisches Tagebuch. 2 Bände in Kassette. Herausgegeben von Günter J. Vaupel. Mit zahlreichen Abbildungen. it 1219

Wilhelm Raabe: Die Akten des Vogelsangs. it 888

– Die Akten des Vogelsangs. it 1845

– Die Chronik der Sperlingsgasse. Mit Handzeichnungen Wilhelm Raabes. it 370

– Hastenbeck. it 1846

– Das Odfeld. it 1843

– Pfisters Mühle. Die Innerste. it 1842

– Stopfkuchen. it 1844

– Zum wilden Mann. Novellen. it 1841

Leopold von Ranke: Die großen Mächte. Politisches Gespräch. Herausgegeben und mit einem Nachwort versehen von Ulrich Muhlack. it 1776

Friedrich Rückert: Kindertodtenlieder. Mit einer Einleitung neu herausgegeben von Hans Wollschläger. it 1545

– Werke. Zwei Bände in Kassette. Ausgewählt und herausgegeben von Annemarie Schimmel. it 1022

Ferdinand von Saar: Novellen aus Österreich. it 906

Friedrich von Schiller: Der Geisterseher. Und andere Erzählungen. Mit einer Einleitung von Emil Staiger und Erläuterungen von Manfred Hoppe. Mit zeitgenössischen Illustrationen. it 212

– Wallenstein. Ein dramatisches Gedicht. Wallensteins Lager – Die Piccolomini – Wallensteins Tod. Herausgegeben von Herbert Kraft. Mit einem Nachwort von Oskar Seidlin. it 752

Friedrich Schlegel: Lucinde. Ein Roman. Mit Radierungen von M. E. Philipp und einem Nachwort von Wolfgang Paulsen. it 817

Arthur Schopenhauer: Aphorismen zur Lebensweisheit. Vollständige Ausgabe mit Erläuterungen und Übersetzung der fremdsprachigen Zitate. Mit einem Nachwort von Hermann von Braunbehrens. Mit 16 Daguerreotypien und Fotos und Bilderläuterungen von Arthur Hübscher. it 223

Heinrich Seidel: Leberecht Hühnchen. Prosa-Idyllen. it 786

Adalbert Stifter: Aus dem alten Wien. Zwölf Erzählungen. Herausgegeben von Otto Erich Deutsch. Mit farbigen Abbildungen. it 959

– Bergkristall. Und andere Erzählungen. it 438

– Erzählungen. Ausgewählt und mit einem Nachwort versehen von Hermann Hesse. it 1314

– Der heilige Abend. Mit farbigen Illustrationen von Monika Wurmdobler. it 699

161/9/12.96

Klassische deutsche Literatur im insel taschenbuch

Adalbert Stifter: Der Hochwald. Mit einem Nachwort von Wolfgang Frühwald. it 1197
– Die Mappe meines Urgroßvaters. Mit einer Einleitung und Anmerkungen von Peter Suhrkamp und einem Nachwort von Wolfgang Frühwald. it 1743
– Der Nachsommer. Mit einem Essay von Hugo von Hofmannsthal. it 653

Theodor Storm: Gesammelte Werke. 6 Bände. Herausgegeben von Gottfried Honnefelder. it 731-736
– Band 1: Gedichte. it 731
– Band 2: Immensee und andere Novellen. it 732
– Band 3: Pole Poppenspäler und andere Novellen. it 733
– Band 4: Carsten Curator und andere Novellen. it 734
– Band 5: Hans und Heinz Kirch und andere Erzählungen. it 735
– Band 6: Der Schimmelreiter. it 736
– Am Kamin und andere unheimliche Geschichten. Mit Illustrationen von Roswitha Quadflieg. Ausgewählt und mit einem Nachwort von Gottfried Honnefelder. it 143
– Der Schimmelreiter. Mit Zeichnungen von Hans Mau und einem Nachwort von Gottfried Honnefelder. Großdruck. it 2318
– Unter dem Tannenbaum. Mit Illustrationen der Erstausgabe von Otto Speckter und Ludwig Pietsch. Herausgegeben von Gottfried Honnefelder. it 1042

161/10/12.96